LES QUÉBÉCOIS

LIGNES DE VIE D'UN PEUPLE

Laurence Pivot
Nathalie Schneider

HD ateliers henry dougier

Remerciements

*À Gilles Laporte, Kenza Bennis,
Bertin Leblanc, Philippe Cinq-Mars, Suzanne Méthot,
Suzanne Dansereau, Marie Léger, Normand Guilbeault,
Benoît Melançon, Anne-Marie Balac, Simon Pouliot,
Lorraine Pintal et Ian McGillis,
dont l'aide et le regard furent précieux.*

Les ateliers henry dougier, notre philosophie d'action

Nous voulons être aujourd'hui – comme hier, en 1975, quand nous avons créé
Autrement et ses 30 collections – des passeurs d'idées et d'émotions,
des créateurs de concepts et d'« outils » incitant au rêve et à l'action.
L'un et l'autre, inséparables !

Notre démarche volontariste s'inscrit dans un regard impliqué, mais libre,
sur des sociétés en mutation accélérée.

Notre ambition : raconter avec lucidité, simplicité et tendresse la beauté
et les fureurs du monde. Tout ce qui est susceptible de nous réveiller,
de briser la glace en nous, de réenchanter nos vies.

Chaque titre de cette collection est également disponible en **e-book**,
enrichi de matériaux sonores et visuels sélectionnés par les auteurs.

Pour en savoir plus sur les ateliers HD, ses publications, et découvrir
nos bonus numériques, retrouvez-nous sur notre site Internet :
www.ateliershenrydougier.com

Suivez nos auteurs et soyez informé de nos prochaines rencontres sur notre
page Facebook.

SOMMAIRE

CHAPITRE III

MONTRÉAL, UNE MÉTROPOLE QUI SE RÉINVENTE

CHAPITRE IV

LE NORD : CONVOITISE AU-DELÀ DU 49ᵉ PARALLÈLE

CHAPITRE V

AUTANT DE FAÇONS D'ÊTRE QUÉBÉCOIS...

CHAPITRE VI

LA SOUVERAINETÉ EN HÉRITAGE

DÉCLARATION D'INTENTION

Ah, le Québec ! L'enthousiasme est unanime chez les Français, qui croient que les Québécois sont une version sympathique d'eux-mêmes. Le Québec leur inspire surtout de nombreux clichés qui ont la vie dure : ses hivers interminables, ses Indiens, ses cabanes au bord des lacs, ses bûcherons... et la parlure colorée de ses habitants.

Nos histoires personnelles et professionnelles sont intimement liées au Québec. L'une est une ancienne immigrée, de retour en France après dix années passées là-bas, et l'autre, une « Québécoise d'origine française », comme elle aime à se définir, installée depuis plus de vingt ans à Montréal. Le Québec étant devenu pour nos compatriotes un nouvel eldorado où chacun d'eux peut réinventer sa vie, nous avons à cœur, et en toute humilité, de vous le livrer dans la version authentique que nous lui connaissons. Non, les Québécois ne sont pas nos cousins, ni des Canadiens comme les autres. Oui, ils parlent français mais ne sont pas tous bilingues. Non, ils ne passent pas l'hiver dans une ville souterraine. Oui, ils sont « cools » mais, hélas, pas aussi écolos qu'on l'imagine. Et, une bonne fois pour toute, « tabarnak » est une insulte grossière qui ne convient guère pour entamer une conversation !

En revanche, saviez-vous que c'est l'un des pays qui revendique la plus grande égalité entre les hommes et les femmes ? Une société tolérante qui marie les gays depuis longtemps, instaure des tables de concertation pour résoudre les conflits, subventionne la médiation familiale, développe l'économie sociale et participative au point d'en être un des champions mondiaux ? Une société qui, tant bien que mal, instaure un

9

vivre-ensemble dont beaucoup pourraient s'inspirer ? Mais qui connaît aussi sa part d'incertitudes et de blocages. Bref, un « pays » qui est bien plus que l'hiver et qu'un fantasme pour Français déprimés. C'est le Québec contemporain, loin des clichés, que nous avons voulu vous raconter. Moderne, innovant, ambitieux et beaucoup plus complexe que ne l'imaginent les Français. ■

INTRODUCTION

Ce qui frappe les Français lorsqu'ils débarquent au Québec, c'est le vide historique, l'absence d'un grand récit fondateur comme celui qui irrigue le moindre village de l'Hexagone. L'un des poètes majeurs du Québec, Gaston Miron, parlait même d'un pays « chauve d'ancêtres ». Mais c'est justement ce « vide » qui a permis aux artistes et aux politiques, durant la « Révolution tranquille » des années 1960, d'inventer un pays, des héros et des symboles, sans le poids d'un passé encombrant et peu glorieux à leurs yeux. Or tout a changé il y a cinquante ans à peine. Alors que retentissait le fameux « Vive le Québec libre ! » du général de Gaulle, les Canadiens français sont devenus des Québécois. Une transition sémantique qui n'a rien d'anecdotique. En changeant de nom, ils ont changé d'identité. Ou, pour le moins, tenté d'en gommer les aspérités peu flatteuses pour se créer de nouveaux paradigmes. Vu de la vieille Europe, le processus est fascinant. D'autant que les efforts pour imposer le français comme seule langue officielle de la province et se faire reconnaître comme « l'autre » peuple fondateur du Canada n'ont jamais été ratifiés par une résolution politique radicale : l'indépendance. Les deux référendums sur la souveraineté, en 1980 et en 1995, se soldèrent par un échec. La dernière fois, le sort s'est joué à quelques milliers de voix. Pourquoi l'aspiration à se distinguer du reste du Canada ne se traduit-elle pas dans les suffrages ? La question est souvent posée. L'ambivalence, le choix de ne pas choisir serait, dit-on, dans les gènes des Québécois.

En ce début de troisième millénaire, le sujet, même s'il n'est jamais bien loin, n'est plus au centre du débat public. Les

Québécois ont d'autres préoccupations. Notamment celle de gagner leur pari d'accueillir de plus en plus d'immigrés afin de compenser une démographie vacillante, tout en préservant leur spécificité. Mais les Québécois ont beau les recruter et les sélectionner avec soin, les nouveaux arrivants n'adhèrent pas toujours, ou complètement, à leurs idéaux. Confrontée à des revendications religieuses nouvelles, la récente et tranquille laïcité du Québec, qui s'était radicalement émancipé de la religion catholique dans les années 1960, se trouve ainsi bousculée. Obsédée par la nécessité du consensus, la société québécoise cherche à accommoder, le plus raisonnablement possible, les intérêts de la diversité. Mais elle rechigne à adopter, comme le reste des Nord-Américains, le « multiculturalisme » anglo-saxon, qui lui semble trop communautariste. Elle lui préfère un concept de son cru, l'« interculturalisme », qui, dans le respect des cultures réciproques, rassemble autour de valeurs communes. Les Québécois vont-ils réussir là où tant d'autres ont échoué ?

Là où le Québec fait souvent figure de modèle, en revanche, c'est dans sa façon de gérer une société qui reste très solidaire, « tissée serré ». Le collectif doit primer sur l'individu, et l'État (en l'occurrence le gouvernement provincial, puisque le Canada est une fédération de provinces) a pour rôle de protéger ses citoyens. De telles préoccupations sont plutôt éloignées du modèle libéral et individualiste des sociétés protestantes américaines et anglo-canadiennes. Cette singularité serait-elle due au lien originel noué avec les Autochtones, à l'époque où les Français se préoccupaient plus de commerce de la fourrure que de conquêtes sanglantes ? Certains historiens soutiennent la thèse que c'est en effet auprès des Amérindiens que les Français du xviie siècle auraient appris le partage et la concertation, une certaine idée de la liberté, de l'égalité et de la fraternité. Bien avant que, de l'autre côté de l'océan, on en fasse une devise…

Quoi qu'il en soit, les Québécois ont résisté. Et remporté, si ce n'est des référendums, du moins de nombreuses victoires politiques qui les ont clairement distingués du reste du Canada. Au point que, émancipés d'un passé qu'ils méconnaissent, les jeunes Québécois ne souffrent plus aujourd'hui d'aucun complexe. Même la langue française, pourtant le pivot central de leur culture, n'est plus une bataille à mener. Ultime conquête d'un peuple qui a vaincu ses démons et gagné, au passage, une vraie liberté d'action au sein d'un pays qui ne leur ressemble pas ? Alors que le sémillant Premier ministre Justin Trudeau proclame que « le Canada est le premier État postnational », les Québécois mettent les bouchées doubles pour confirmer leur existence aux yeux du monde et affirmer leur pouvoir économique et culturel. Autrefois « nés pour un p'tit pain », ils développent aujourd'hui un vrai génie entrepreneurial et misent sur les nouvelles technologies. Montréal est devenue l'une des grandes capitales du numérique et des jeux vidéo, et défie Toronto l'Ontarienne qui lui a ravi sa place de principale métropole du Canada. Au Nord, ces lointaines régions peuplées d'Autochtones encore invisibles aux yeux des Québécois « pure laine », les richesses du sous-sol attisent les convoitises et chacun réclame sa part du gâteau. Quant aux artistes, porte-flambeaux de la lutte identitaire pendant des décennies, ils brillent plus que jamais dans le monde entier. Le Québec fait son cirque et donne de la voix. Fier d'être ce qu'il est et libre à sa manière. ∎

CHAPITRE I

NE SOCIÉTÉ
DANS L'ÉPROUVETTE

L'HÉRITAGE AUTOCHTONE

Les Québécois ne sont pas des Canadiens comme les autres. C'est ce que prétend la Charte des droits et libertés de la personne, promulguée par le gouvernement libéral de Robert Bourassa en 1975. Ils constituent donc une « société distincte au sein du Canada », qui se différencie par la langue, la culture, l'histoire, les institutions et le « vouloir-vivre » de sa population. Mais leur origine française et la survie de leur langue officielle suffisent-elles à définir leur caractère distinct ? En partie seulement. Pour certains penseurs, anthropologues et historiens, les Québécois ne sont pas les héritiers en ligne droite des colons français de la Nouvelle-France (XVIᵉ-XVIIIᵉ siècle). Au fil des échanges commerciaux avec les Autochtones du Québec, ils s'« ensauvagent » en coureurs des bois et acquièrent, par un long et persistant métissage, une identité de sang mêlé qui pourrait bien expliquer quelques valeurs distinctives du « modèle québécois ». Des valeurs qui évoluent autour de l'intelligence collective, de la concertation, de la place des femmes. En résumé : du « vivre et laisser vivre ». Telle est la thèse avancée par **Carole Poliquin** et **Yvan Dubuc**, réalisateurs du documentaire *L'Empreinte*, sorti en 2015. Même s'il a connu un point de rupture net à la fin du XIXᵉ siècle, ce lien très tôt formé entre « Canadiens » et Autochtones aurait laissé des marques que beaucoup de Québécois portent encore sans le savoir. Ce constat sert d'introduction au documentaire :

« Une part de moi-même m'échappe. Quand j'ai débarqué en Amérique, j'étais français. Et bientôt je ne vivais ni ne pensais plus comme un Français ; j'étais devenu canadien, du mot iroquois : *Kanata*. Ma tribu s'est donné d'autres noms depuis : Canadien français puis Québécois. Ce n'est peut-être pas un hasard si la question de l'identité ressurgit constamment dans notre histoire. Comme si aucune réponse ne nous avait encore pleinement satisfaits. Mais, dans l'idée que nous nous faisons de nous-mêmes, quelque chose s'est dérobé, un fil s'est rompu en chemin. »

Comment le lien privilégié qui existait entre Blancs et « Indiens » a-t-il été transmis et faut-il en déduire que la colonisation s'est opérée plus paisiblement au Québec qu'ailleurs en Amérique ?

Certainement. Les jeunes Français qui arrivent ici, surtout au XVIIe siècle, veulent construire des alliances ; ils n'ont pas d'autres choix que d'adopter les façons de faire et de se marier avec des femmes autochtones, unions qu'encourage Samuel de Champlain [vice-roi de la Nouvelle-France], ce qui est unique dans l'histoire coloniale. Le rapport de force est en faveur des Autochtones, bien plus nombreux, et le vice-roi n'a rien contre une nation métisse. Les nouveaux arrivants s'habillent à l'indienne, fument dans de longues pipes et utilisent le canot comme moyen de transport. « Le territoire de l'Amérique produit de l'Indien », écrit George Sioui, historien wendat [l'une des nations iroquoiennes], à la fin du XXe siècle. Nous sommes donc les descendants d'un peuple tissé avec les communautés autochtones. À la culture sédentaire de l'agriculture, beaucoup de jeunes Canadiens préfèrent celle de la forêt, incarnée par des héros de la littérature comme Alexis (*Un homme et son péché*, 1933), François Paradis (*Maria Chapdelaine*, 1913) ou Menaud (*Menaud, maître-draveur*, 1937), où ils deviennent indiens par leur manière de vivre libres. Ainsi, ces colons métissés jettent les bases de la société québécoise moderne.

Nous vivons depuis quatre cents ans à côté de la plus grande puissance économique, politique et militaire de toute l'histoire

17

de l'humanité, et nous avons réussi à construire une société radicalement différente fondée sur des valeurs et une culture propres. Nous sommes le peuple de victoires incessantes, mais de victoires sans tambour ni trompette. Et ce sont les Autochtones qui nous ont donné les clés de la survie. Mais il nous a fallu du temps pour faire tomber ce masque, ce tabou de l'histoire, pour nous reconnaître comme les descendants du modèle social amérindien.

Sur quelles valeurs repose ce modèle hérité des Premières Nations ?

L'une d'elles est incontestablement l'importance du collectif dans nos choix de société. Le professeur Tofoni, qui enseigne le marketing à l'université du Québec à Montréal, a fait une étude qui distingue les valeurs québécoises des canadiennes dans de nombreuses publicités. Sur les cinq critères étudiés, deux manifestent des différences marquantes entre les deux sociétés : le collectivisme (*versus* l'individualisme) et le modèle dit « féminin ». Dans les annonces publicitaires qui véhiculent les valeurs de la société québécoise, la place du collectif et du bien commun apparaît prioritaire. Ces valeurs se traduisent dans notre société moderne par la force du système coopératif et de l'économie sociale, qui tend à réduire les inégalités comme dans les communautés autochtones. Dans celles-ci, il n'y avait ni riches ni pauvres ; le chef tirait son prestige non pas de l'accumulation de biens, comme en France, mais de sa capacité à assurer le bonheur collectif.

Dans l'univers judiciaire, le processus québécois de « réparation », qui invite les jeunes contrevenants auteurs de délits à demander pardon à leurs victimes, est unique au Canada. C'est en instaurant le dialogue et le face-à-face que s'obtient le règlement de la faute, et non en ostracisant les jeunes par l'incarcération. Le Québec est la seule province qui confie la justice des mineurs au ministère de la Santé et des Services sociaux, et non à celui de la Sécurité publique, comme cela se fait au Canada. Ce principe renvoie au système de justice qui s'exerçait chez les Autochtones : au bout d'un moment, on finissait par s'asseoir en groupe, prendre la parole à tour de rôle et on pardonnait l'auteur du méfait. Un procédé qui n'est pas sans rappeler le recours à la médiation, intégrée au système judiciaire québécois.

En ce qui concerne le statut de la femme, les valeurs dites « féminines » (la collaboration, la recherche de la paix, le dialogue) paraissent l'emporter, au détriment des valeurs dites « masculines » (la compétition, le succès personnel, la performance). L'étude démontre que les hommes québécois, à la différence de leurs égaux canadiens, défendent eux aussi ces valeurs. Il est d'ailleurs rapporté par des voyageurs, dès le début du xviiie siècle, que si la femme de Québec est éduquée, élégante et soumise, la femme de Montréal, en revanche – ville où fusionnent Blancs et Autochtones –, est perçue comme une demi-sauvage qui prend sa place dans les discussions des hommes, gère le trésor public, a le droit de vie ou de mort sur les prisonniers, exerce son droit de véto sur les guerres, etc. Cela est le reflet des coutumes autochtones, et plus particulièrement iroquoiennes (Hurons-Wendat, Mohawks), sociétés matrilinéaires qui reconnaissent aux femmes la conscience des valeurs et des comportements assurant la survie de la société à long terme. Des sociétés où s'exerce une certaine liberté sexuelle qui permet d'expliquer aussi le métissage avec les Canadiens. Le Québec possède l'un des plus hauts taux d'union libre au monde, un particularisme issu de la Révolution

19

tranquille des années 1960 ; mais cette culture moins rigide, moins autoritaire, moins patriarcale, nous la portons depuis l'époque coloniale. Nous l'avons simplement perdue sous le joug de la religion catholique, qui a exercé un immense pouvoir, et à cause de la rupture qui s'est opérée avec l'Indien.

Comment expliquer cette rupture et cet « oubli » collectif du lien, sachant que les Québécois sont encore nombreux, aujourd'hui, à afficher du mépris vis-à-vis des Autochtones ?

Il faut revenir à l'histoire. Après la défaite face aux Anglais en 1759, les Canadiens français n'ont d'autre choix que de se plier au diktat britannique, sous peine d'être déportés comme les Acadiens. Ils doivent prouver qu'ils sont civilisés et non « ensauvagés ». Ils renoncent ainsi à une grande part de leur mémoire. Avant 1837, le statut d'Indien n'existe pas ; les populations vivent en étroite proximité. Sur un même territoire on compte trois familles d'Indiens Micmacs, quatre familles huronnes, trois familles canadiennes françaises, et tout le monde vit ensemble et se métisse. D'ailleurs, dans la Constitution des patriotes [rébellion contre le pouvoir britannique en 1837-1838], l'article 3 portant sur le vivre-ensemble octroie aux Autochtones les mêmes droits qu'aux Blancs. C'est l'écrasement du mouvement patriote et l'institution des réserves, de 1850 à 1876, qui conduit à l'éloignement définitif. Éloignement auquel participe le pouvoir catholique, qui menace d'excommunier quiconque se joint aux Patriotes. Pendant deux cents ans, la langue et la culture autorisées par le pouvoir anglais sont nos seuls référents. La religion joue pour les Québécois le même rôle d'enfermement que les réserves pour les Autochtones : elle en assure la survie, mais de façon contraignante et réductrice.

Aujourd'hui, nous ne cessons de nous interroger sur notre identité. À quoi pouvons-nous collectivement nous raccrocher ? Nous sommes bien plus que des Canadiens francophones d'Amérique du Nord. Il nous faut admettre et revendiquer ce lien de proximité culturelle et biologique avec les membres des Premières Nations. Restaurer ce lien est, pour nous, la seule solution pour nous définir en adéquation avec notre passé commun. ■

UNE SOCIÉTÉ « TISSÉE SERRÉ »

Le vent d'octobre finit de balayer les dernières feuilles rougies sur les trottoirs de Montréal. Bientôt, ce sera la première neige, suivie des grands froids. L'hiver s'en vient ; on s'y prépare. Comme à la coopérative d'habitation Au pied de la montagne, ainsi nommée parce qu'elle se trouve à quelques encablures du Mont-Royal, la « montagne » pour les Montréalais. À l'ancienne école de l'Enfant-Jésus, reconvertie en logements, dans le Mile-End, ce beau dimanche est jour de grand nettoyage. Ça brique l'escalier central, repeint les portes communes, répare les joints, restaure les placards, remise les meubles de jardin. Hélène, l'une des membres fondatrices de la coop, participe aux travaux de nettoyage ; Anderson et Fabio, un couple de trentenaires d'origine brésilienne, se chargent de transporter les équipements lourds ; Alain, « quinqua » et président fondateur d'un festival de musique francophone, joue du pinceau, Louise range l'atelier, Felipe est au balai… Et Jeanne-d'Arc, la doyenne de la coop, remonte le moral des troupes avec un traitement spécial, qu'elle distribue à tous les étages : des friandises au sucre et à la crème qu'elle a confectionnées pour l'occasion.

Cherchez le propriétaire des lieux, vous ne le trouverez pas ! C'est la coopérative Au pied de la montagne, entité créée voilà plus de trente ans, qui possède la grande bâtisse de brique patrimoniale et ses 18 logements spacieux répartis sur trois étages. Bienvenue dans l'une des 1 300 coopératives du Québec, toutes régions confondues ! Un milieu de vie où tout est fait collectivement, sans que ne soit compromise, pour autant, l'intimité de chacun. Entretien, comptabilité, renouvellement des membres : les actions, décidées en conseil d'administration, sont menées en comité par les membres de la coop. Deux règles d'or : la prise de décision démocratique et le système participatif, des principes fondamentaux inscrits noir sur blanc sur le contrat de membre, dont la signature, à l'arrivée de chaque nouveau « coopérant », engage la responsabilité personnelle envers le bien commun. Un membre qui ne participe pas aux corvées ou rechigne à s'impliquer dans les tâches communes risque l'exclusion. Mais cette mesure drastique n'est prise que très rarement, les coopérants étant généralement des gens engagés qui adhèrent *de facto* aux principes de l'action citoyenne.

C'est la Confédération québécoise des coopératives d'habitation (CQCH) qui encadre la création de ces logements collectifs pouvant bénéficier de certains programmes de financement provincial et dont le démarrage est à l'initiative des citoyens. Si certaines coop sont bigénérationnelles, d'autres rassemblent des artistes, des femmes, des aînés, des citoyens désirant vivre dans un environnement écoresponsable. D'autres misent plutôt sur la mixité, qu'elle soit socio-économique ou ethnique, comme celle d'Au pied de la montagne.

L'économie participative est une autre valeur inscrite dans l'ADN des Québécois, leaders mondiaux de l'entreprenariat collectif. En septembre 2016 avait lieu à Montréal le IIIᵉ Forum mondial de l'économie sociale, organisé par le Chantier de l'économie sociale, un organisme qui promeut et encadre des projets sociaux, économiques et culturels sous la forme juridique de coopératives, d'organismes à but non lucratif (OBNL) ou de mutuelles. Habitations, transports, entreprises de hautes technologies, d'arts et même institutions bancaires comme le Mouvement coopératif Desjardins, premier groupe financier coopératif au Canada et cinquième au monde : aucun secteur de l'économie et des services n'échappe à ce mode de gestion qui prône la croissance inclusive et la réduction des inégalités, et qui contribue à vitaliser des régions bien souvent laissées pour compte du développement économique. Rien en commun avec l'assistanat ou la philanthropie : les entreprises gérées sur le modèle coopératif ou sans but lucratif sont porteuses sur un plan économique puisqu'elles génèrent un chiffre d'affaires de 40 millions de dollars chaque année.

« Au Québec, nous vivons dans la culture de la concertation et du dialogue social, explique **Nancy Neamtan**, l'un des piliers du Chantier de l'économie sociale. Et cela est très lié au fait que nous sommes une petite société minoritaire soumise à des enjeux de survie : si on ne se parle pas, ça ne peut pas fonctionner. » Alors on se parle : « Acteurs territoriaux, milieu rural ou urbain, syndicats, universités : tu mets ça autour de la table et ça marche ! » résume Nancy Neamtan.

Des « tables de concertation », il s'en dresse un peu partout au Québec : des gens de tous horizons, aux intérêts divers et souvent divergents, se réunissent jour après jour, mois après mois pour trouver des solutions acceptables sinon gagnantes. On se parle et on unit ses énergies également par le « réseautage », une autre force des Québécois. En 2012, l'Assemblée des Premières Nations, l'organisation qui défend les droits des

23

communautés autochtones, demande à intégrer le Chantier, fait rarissime au Canada. Peu encline à forger des alliances avec les institutions québécoises, l'Assemblée voit dans le Chantier un modèle de développement qui fait écho à ses propres façons de faire, aux dires de **Ghislain Picard**, chef de l'Assemblée des Premières Nations du Québec et du Labrador.

Alors l'économie sociale, reflet d'une autre valeur typiquement québécoise ? « Ça existe aussi au Canada, mais c'est très influencé par la pensée américaine et anglo-saxonne, celle du gars qui fait fortune et qui lance une fondation pour sauver l'Afrique du sida, par exemple. C'est le modèle Bill Gates, un social-entrepreneur qui fait les choses tout seul et redistribue pour faire œuvre sociale », explique Nancy Neamtan.

Pour autant, le Québec n'a pas inventé l'entreprenariat collectif, mais s'est inspiré de modèles existants – Pérou, Italie, Pays basque – pour les repenser à sa façon. Et c'est vers l'Europe, avec la Commission européenne, vers la Belgique et la France, mais aussi le Brésil, « une autre société métissée, comme la nôtre, et ouverte sur le monde » que le Chantier a les yeux rivés, bien plus que sur ses proches voisins.

Une initiative que le gouvernement du Québec soutient, quel que soit le parti au pouvoir : si la loi cadre sur l'économie sociale est votée en 2013 sous la gouvernance péquiste (Parti québécois), le plan d'action qui lui succède deux ans plus tard est mis en place par le gouvernement libéral toujours au pouvoir. Cela implique que le gouvernement en tienne compte dans le déploiement de ses politiques comme il le fait avec le programme PME 2.0, qui consiste à soutenir une trentaine de petites et moyennes entreprises, incluant des coopératives et des OBNL, dans leur passage à l'ère numérique.

Évidemment, l'entreprenariat collectif ne séduit pas tout le monde au Québec. Surtout pas les défenseurs de la libre entreprise, frileux à l'idée que chaque décision se prenne en conseil d'administration suite à un long processus démocratique, et pour qui la propriété privée demeure sacrée. Pour eux, le système coopératif peut sembler parfois lent à s'adapter aux nouvelles réalités du marché économique et, au final, inapte à entrer dans l'ère moderne et à y rester. À cela, le Chantier renvoie à l'« espérance de vie » des coopératives ou des OBNL notablement plus longue en moyenne que celle des entreprises privées. « L'enjeu, pour ces structures d'affaires, c'est de démontrer la souplesse nécessaire pour s'ajuster aux nouvelles réalités du jeu économique », commente Nancy Neamtan.

Même dans une société surendettée (la dette du Québec frise les 300 milliards de dollars) et en pleine politique d'austérité, le bonheur individuel des Québécois est établi : l'OCDE a placé en 2016 le Danemark et le Québec en tête de son palmarès, en tenant compte de son indice du mieux-vivre dans le monde, mesuré sur plusieurs critères, et pas seulement sur le PIB. Et si le bonheur individuel des Québécois tirait sa force du collectif ? ∎

LE PRINTEMPS ÉRABLE, OU LA RÉVOLUTION PAS VRAIMENT TRANQUILLE

23 mai 2012, quartier Villeray, à Montréal. Vingt heures ont à peine sonné à l'horloge de l'église Notre-Dame-du-Saint-Rosaire que retentit déjà un curieux tintamarre. Chaque soir, c'est la même chose : hommes,

femmes, enfants s'extirpent des maisons du voisinage pour gagner la rue principale, une casserole à la main, une cuillère
dans l'autre. N'importe quoi qui fasse du bruit. Beaucoup de
bruit. À cette cacophonie répondent klaxons d'auto et applau-
dissements en signe de soutien. Québécois oblige, tout se fait
dans la bonne humeur générale, que ce soit dans la plupart
des quartiers de Montréal ou dans les principales villes du
Québec. Le convoi va peu à peu s'acheminer vers la trente-
et-unième manifestation nocturne qui secoue le centre-ville
depuis deux mois. Tout le monde se souvient de celle du
22 mars, quand 150 000 personnes défilaient dans ce même
périmètre ! Si les « casseroles » sont plutôt bon enfant, certaines
manifs finissent, elles, dans la violence des répressions policières
et des « fauteurs de trouble » qui enveniment les affrontements.

Ce soir, le mécontentement s'est intensifié : la veille, pas
moins de 176 arrestations de manifestants ont été rapportées,
surtout des étudiants et quelques « casseurs de vitrines ». La
semaine précédente, le Premier ministre Jean Charest a fait
voter la loi 78 à la hâte, en séance extraordinaire, une loi
spéciale interdisant le regroupement de 50 personnes et plus
sans que ne soient préalablement averties les forces policières.
La liberté d'expression vient de prendre un coup sévère. Cette
loi est aussitôt dénoncée par le Barreau du Québec, Amnesty
international et le Conseil des droits de l'homme de l'Organisation des Nations unies.

Le gouvernement souhaitait ainsi amener le conflit à
s'éteindre de lui-même ; c'est tout le contraire qui se produit.
Et cela s'amplifie de jour en jour. Quotidiens, émissions de
radio ou de télé, médias sociaux, presse Web : pas une tribune
ne fait l'impasse sur ce mouvement populaire qui s'achemine
vers la crise majeure. Durant l'été, la révolte du « Printemps

érable », baptisée ainsi en référence au fameux Printemps arabe de 2010, fera même la Une du JT sur France 2 ! Mais qu'arrive-t-il aux Québécois, pourtant réputés pour leur caractère pacifique et modéré ?

« On vient de toucher à l'accès à l'éducation, et il est vital pour nous de défendre cette institution publique ! » résume le sociologue **Gilles Gagné**, de l'université Laval. Le gouvernement en place remet le dossier des frais de scolarité sur la table en imposant une hausse de 100 dollars par an dès 2012, et ce jusqu'en 2017, dans le budget provincial. Une broutille. Le problème, c'est que des augmentations ont déjà lieu depuis cinq ans. L'année précédente, le mouvement de contestation avait pris naissance devant la menace d'augmenter de 1 625 dollars étalés sur cinq ans les frais de scolarité. Les étudiants ont le sentiment de se faire « rouler dans la farine » par le gouvernement libéral et sa politique de privatisation. À leurs protestations, les décideurs rétorquent en renvoyant au modèle ontarien et à celui des États-Unis, qui obligent les étudiants à débourser entre 7 500 et 10 000 dollars pour une année d'études dans une université publique. Des modèles où l'éducation est au service de l'élite, et non de la classe moyenne comme c'est le cas au Québec.

« Comme en Ontario ou aux États-Unis » c'est la phrase de trop. Au Québec, on a beau vivre en Amérique du Nord, on n'en défend pas moins des valeurs distinctes ; l'accès à l'éducation pour le plus grand nombre en est une, et cela depuis le premier ministère de l'Éducation formé au début des années 1960, qui reprit le contrôle de l'enseignement des mains du clergé. Et pour une année d'études au premier cycle universitaire, il faut déjà débourser un peu plus de 2 700 dollars. L'intention du ministère de l'Éducation est à peine voilée :

ramener les frais de scolarité annuels à la moyenne nationale, qui s'élève à environ 6 000 dollars.

« L'éducation tend à devenir une marchandise qui doit être payée par celui qui en bénéficie. Cela représente une rupture avec l'idéologie de la Révolution tranquille des années 1960, qui a instauré l'accès à l'éducation comme un principe de droit fondamental soutenu par l'État », explique Gilles Gagné. Or cette rupture, la génération Y (la génération née entre le début des années 1980 et le milieu des années 1990) n'en veut pas, elle qui a été élevée dans l'idée que le monde lui appartient et que les emplois sont assurés après le départ à la retraite des baby-boomers.

Mais qu'est-ce qui fait basculer un mouvement étudiant en crise sociale majeure ? En premier lieu, l'esprit des étudiants eux-mêmes. « C'est une génération engagée, organisée, avec une vision claire de ce qu'elle veut et ne veut pas, et qui sait très bien se servir des médias sociaux comme force de ralliement », explique le professeur Gagné. Ces leaders d'associations étudiantes deviennent, en quelques mois, de remarquables acteurs de la scène politique, invités à débattre sur toutes les tribunes bien qu'ils n'aient guère plus de vingt ans : Léo Bureau-Blouin, alors président de la Fédération étudiante collégiale du Québec (FECQ), Martine Desjardins, présidente de la Fédération étudiante universitaire du Québec (Feuq) et, enfin, Gabriel Nadeau-Dubois, co-porte-parole de la Classe (la Coalition large de l'Association pour une solidarité syndicale étudiante), la plus radicale des trois. Si leurs discours divergent sur certains points, tous s'entendent sur la nécessité d'appeler les étudiants à la grève. Admirés par les uns, honnis par les autres, ils sont de toutes les manifestations et de tous les débats publics, et leur nom court sur toutes les lèvres. Mais, surtout, ils se sentent globalement soutenus par la population : « Cet épisode, la plus longue grève étudiante de l'histoire du Québec, est devenu gigantesque parce que les jeunes sentaient un appui des sympathisants, nombreux, malgré une part d'indifférents et d'opposés à la grève, surtout chez les néolibéraux », explique le professeur Gagné.

La crise qui embrase la société entière donne un second souffle au mouvement étudiant. Les pancartes qui se déploient en français et en anglais durant les manifestations brossent le portrait d'un Québec unifié dans la désobéissance civile : « Trois générations unies contre 78 » (du nom de la loi controversée), « Geek en colère », « Vive le Québec libre, désobéissant et équitable ! », « *Rest In Peace*, la démocratie québécoise – 1960-2012 ». Et les slogans glissent bien souvent vers d'autres motifs de discorde : l'exploitation des gaz de schiste, les forages pétroliers ou l'absence d'étiquetage des OGM. On reprend en chœur des vers de Gaston Miron, l'un des grands poètes nationalistes du Québec, des artistes de la chanson prennent position pour le mouvement de protestation. On scande « La loi machin, on s'en câlisse [on s'en fout] ! » et « On n'est plus que 50 ! » [allusion à la loi spéciale] avec l'humour provocateur qui marque aussi certains moments du Printemps érable. La fleur de lys, qui orne le drapeau du Québec, s'invite partout, rappelant ainsi que la « marchandisation de l'éducation » s'en prend bel et bien au socle de la société québécoise : l'accès au savoir.

Le carré rouge, le symbole des étudiants en grève, fleurit sur la boutonnière de jeunes et de moins jeunes. Il devient l'emblème de l'indignation généralisée. Le conflit étudiant « contamine » une population qui voit l'occasion, en cet été 2012, d'exprimer son exaspération contre la classe politique

29

soupçonnée de corruption, contre la convergence médiatique qui participe à diaboliser les manifestants et, enfin, contre des choix de société jugés inadéquats avec les valeurs profondes des Québécois. Disparition des garderies subventionnées, exploration pétrolière, agriculteurs mécontents : il souffle sur le Printemps érable comme un relent de Mai 68.

En septembre, Jean Charest déclenche des élections anticipées, en espérant que la « majorité silencieuse exaspérée par les manifestations et le chaos » s'exprimera sur le mode électoral. Mal lui en prend. C'est le PQ minoritaire (qui s'était prononcé contre la hausse des frais de scolarité) qui remporte la « campagne du carré rouge » et installe au pouvoir la première femme Première ministre de la province, Pauline Marois. Néanmoins, l'épisode sera bref : en 2014, le Parti libéral du Québec (PLQ) revient au pouvoir.

Tout ça pour ça ? Depuis, la question obsède une grande partie de la population québécoise. Dans son brillant ouvrage *Tenir tête*, qui obtient le prix du Gouverneur général en 2014 (prix décerné par les instances fédérales), l'ex-porte-parole de la Classe, Gabriel Nadeau-Dubois, ramène le mouvement de protestation à un niveau plus large : « La vive émotion que le Printemps érable a fait naître découle du fait que le Québec s'y est révélé comme une société mature. Dans ce débat sur notre avenir collectif, peut-être avons-nous découvert avec stupéfaction ce que signifiait être un peuple souverain ? » C'est en effet l'une des rares crises majeures québécoises qui ne s'est pas résolue par l'intervention des forces fédérales, notamment celle de l'armée canadienne. Ce point est sensible et parlant pour certains Québécois qui se définissent encore comme un « peuple colonisé », hanté par l'idée fixe de l'auto-détermination.

Quant aux frais de scolarité, ils sont, pour l'instant, indexés sur le revenu des familles ; personne ne veut réveiller le monstre qui dort.

S'il encore trop tôt pour évaluer l'héritage de cet épisode unique de l'histoire québécoise, il est néanmoins déjà inscrit dans l'inconscient collectif. « Je crois que notre Printemps allait au-delà d'une confrontation traditionnelle entre la gauche et la droite, écrit Gabriel Nadeau-Dubois. Il était l'expression d'un attachement à un modèle de société qui fonde notre identité commune et à travers lequel nous espérons encore exister en tant que culture distincte. » ∎

« **P**AS DE CHICANE DANS MA CABANE ! » Champions de l'union libre au niveau national, les Québécois détiennent aussi le plus haut taux de divorce. Alors ils créent des lois provinciales pour légiférer sur le couple : tandis que l'« union civile » remplace les liens sacrés du mariage (avec les mêmes droits que les personnes mariées, y compris pour les conjoints de même sexe), la « séparation de corps » facilite la demande de divorce pour rupture de vie commune, dans un pays où le consentement mutuel n'existe pas. Dans les « affaires de cœur légiférées », le Québec s'impose comme le précurseur d'un Canada manifestement plus traditionnaliste. L'union civile a été créée pour donner aux conjoints de même sexe les mêmes droits que dans le mariage. Il faut attendre 2005 pour qu'une loi fédérale autorise le mariage gay, puis l'adoption pour les couples de même sexe.

Depuis environ vingt-cinq ans, le recours à la médiation familiale est courant pour les couples mariés en procédure de divorce. Ceux-ci peuvent bénéficier de six séances subventionnées par les deniers publics, prodiguées par les représentants de six ordres professionnels : avocats, notaires, travailleurs sociaux, psycho-éducateurs, conseillers d'orientation et thérapeutes conjugaux-familiaux (ces derniers reçoivent une formation de 60 heures avant d'être accrédités). On y parle réorganisation de vie, partage des biens, prestations alimentaires et, surtout, garde parentale. « L'issue du dialogue devant le médiateur aboutit la plupart du temps à la garde alternée », explique **Jean-François Chabot**, président de l'Association de médiation familiale du Québec, créée en 1985. La médiation familiale est perçue davantage comme un « mode d'emploi pour divorcer en paix » que pour faire perdurer l'union au-delà du conflit comme c'est le cas en France.

D'ailleurs, à la gestion du conflit, les Québécois préfèrent généralement l'évitement, « l'un de nos particularismes », aux dires de maître Chabot. « Politique, religion, souveraineté : on n'aime pas soulever des débats sujets à chicane ! » « Pas de chicane dans ma cabane », a-t-on coutume de marteler ici ; autant dire que toute discorde doit être étouffée dans l'œuf...

Quant aux conjoints de fait, presque deux fois plus nombreux au Québec qu'à l'échelle nationale, ils n'ont aucun droit ni sur les séances de médiation subventionnées ni sur le patrimoine, dans le cas d'une séparation. « Ils sont jugés comme des partenaires en affaires, qui décident contractuellement de vivre ensemble. Si les enfants issus de l'union libre sont protégés par la loi, les parents, eux, ne peuvent réclamer ni prestation compensatoire ni pension alimentaire pour l'un des deux membres du couple », commente l'avocat médiateur. Ce qui explique que dans le cas d'une acquisition de biens – notamment immobiliers – les conjoints de fait passent systématiquement devant un notaire.

Si la médiation familiale n'est pas née au Québec, comme beaucoup le croient, c'est son recours gratuit, en cas de divorce, qui traduit – au-delà d'une volonté de décongestionner les tribunaux avec une procédure de règlement hors cours – le choix d'une société qui préfère de loin le dialogue à la discorde. ■

DES GARS, DES FILLES : VARIATIONS SUR LE GENRE

2 mai 2016 : **Pierre Karl Péladeau**, héritier de l'empire de presse Québecor, l'un des plus importants du genre à l'échelle internationale, et chef du Parti québécois, ardent défenseur de l'indépendance du Québec, annonce en conférence de presse son intention de quitter la politique. L'affaire ne dure que quelques minutes et se solde par une crise de larmes en direct. Journalistes commentateurs, politiciens, citoyens assistent à l'effondrement d'un mastodonte de la sphère publique. La raison invoquée ? PKP, comme on l'appelle au Québec, est en instance de divorce et veut consacrer du temps à ses enfants, ayant lui-même souffert de l'absence de son père durant son jeune âge. Manigance électoraliste pour les uns, demi-mensonge démagogique pour les autres, reste que sa démission est bien réelle. Il est difficile d'imaginer, en France, un élu de tout premier plan, homme ou femme, en larmes devant les caméras, renonçant à participer au cours de l'histoire pour voir grandir ses enfants !

Tel est le père québécois : impliqué, responsable, présent. Arpentez les rues de Montréal, de Québec ou d'ailleurs, et vous le verrez portant son enfant en bandoulière ou en traîne sauvage (luge) sur les trottoirs enneigés. Il n'est pas question qu'il renonce à son congé de paternité (5 semaines de prestations prévues par

33

la loi) ; il le prolonge même souvent, en accord avec la mère par un congé partageable entre les deux parents biologiques (32 autres semaines). Il parle plus facilement qu'avant de ses émotions, participe à des groupes de parole, prépare les repas. Le changement apparaît radical, quand on sait que pendant des siècles l'homme québécois s'absentait plusieurs mois d'affilée pour bûcher en forêt, laissant sa femme élever seule une dizaine d'enfants ! *Père manquant, fils manqué* : dans un livre qui a marqué son époque, au début des années 1990, le psychanalyste et auteur Guy Corneau examine les effets transgénérationnels de ce maillon manquant familial.

Certes, au début des années 2000, il manque toujours un peu de substance, cherchant sans doute à se redéfinir en opposition à son propre père sinon absent, du moins souvent silencieux, oscillant entre violence et irresponsabilité. Une image que reflète le miroir social du cinéma et des téléséries québécoises. C'est ce que rapporte le journaliste Mathieu-Robert Sauvé, père de quatre enfants, qui s'interroge dans son essai *Échecs et Mâles* (2005) sur les archétypes masculins.

Une dizaine d'années plus tard, en 2016, dans un article pour le magazine *L'Actualité*, Sauvé relève un changement à 180 degrés : il observe la mutation de l'homme « en meilleure harmonie avec son époque », s'investissant plus que jamais dans la sphère domestique et plus particulièrement familiale : papa est de retour à la maison, et pas seulement dans l'atelier ou le garage.

Aujourd'hui, la relation homme-femme, dans la sphère privée, est l'une des plus égalitaires observées dans les pays occidentaux. À tel point que cet équilibre des forces peut s'apparenter parfois à un excès d'indépendance réciproque. Un plus un font trois, en ce qui concerne le couple hétérosexuel du Québec : l'homme, la femme et le couple. La balance des frais de vie commune est calculée à la cenne (centime) près, le compte conjoint n'est pas monnaie courante et les sorties entre amis se font régulièrement à part et à tour de rôle.

Car depuis la Révolution tranquille, la femme du Québec s'est beaucoup émancipée, elle qui en 1964 n'avait toujours pas le droit de signer un bail (même si elle a le droit de voter depuis 1940) ! Son émancipation, elle l'a gagnée en un temps record dans le sillage d'activistes comme la pionnière montréalaise Marie-Claire Kirkland, ou Lise Payette, femme politique et journaliste dont le nom résonne toujours en écho à la défense des droits de la femme.

Cette image a son revers : les mauvaises langues – souvent des observateurs extérieurs – perçoivent la Québécoise comme autoritaire voire castratrice, en particulier dans ses comportements amoureux. Certains Français d'origine se sont cassé les dents à vouloir mener les choses à leur façon : c'est elle qui dit quand et où. Poussez l'audace un peu trop loin, messieurs, et vous vous ferez taxer de machiste, insulte suprême dans *la* société du respect sous toutes ses formes. Et c'est à elle que revient l'initiative amoureuse, car la drague masculine a très mauvaise presse : « Ici, draguer est assimilé à une forme de harcèlement, explique le journaliste **Jean-Sébastien Marsan**, dans son essai *Les Québécois ne veulent plus draguer… et encore moins séduire* (2005). Nous ne vivons pas dans la culture de la séduction, mais dans celle de la rencontre qui doit mener à un but : vivre ensemble, faire des enfants et se conformer à un mode de vie rigide. »

Selon Jean-Sébastien Marsan, le Québécois d'aujourd'hui est l'héritier de la culture paysanne de l'époque coloniale – pas de celle de la cour de Versailles, où la galanterie et les codes de la séduction sont élevés au rang d'un art. L'agriculteur devient un ouvrier durant la révolution industrielle et travaille pour le patron anglais : « L'homme est dépossédé dans un pays qui ne lui appartient plus, la condition masculine est dévalorisée par les pouvoirs économique, politique et ecclésiastique écrasants. » Il faut attendre les années 1960 pour qu'hommes et femmes reprennent le pouvoir et instaurent une nouvelle norme : la liberté sexuelle.

Cette révolution des mœurs – et des valeurs – aurait-elle rendu la femme québécoise trop indépendante, voire trop forte autant dans son couple que dans la sphère sociale ? La journaliste féministe **Pascale Navarro**, auteure de nombreux essais portant sur l'égalité des droits et sur le mouvement féministe, réfute non sans agacement cette thèse masculiniste : « Nous ne vivons pas dans une société matriarcale ; les femmes ont gagné leur indépendance, c'est vrai, mais elles ne sont pas plus fortes que les hommes. C'est une analyse clichée que de dire ça… » Selon la journaliste, la méfiance à l'égard du pouvoir supposé des femmes est une réaction à leur arrivée massive dans la fonction publique durant les années 1980 et 1990. « Cela relevait d'une vision de la société à ce moment-là : intégrer les femmes sur le marché du travail au même titre que les hommes. » Certes, les annonces publicitaires nous montrent encore un déséquilibre conjugal, entre homme inadéquat et femme qui-fait-tout-mieux-que-monsieur, quand les publicités françaises, elles, sont toujours aussi machistes. Mais il est vrai que la loupe grossissante de la pub tourne souvent les coins ronds.

Reste que le constat revient comme un leitmotiv dans les conversations entre femmes : les hommes québécois sont « roses » (rien à voir avec leur orientation sexuelle) et n'ont pas de colonne vertébrale. « Faux ! s'insurge Pascale Navarro, c'est tout le contraire : ils se sont remis en question, ont intégré la notion d'égalité, ils s'occupent de leurs enfants et sont féministes même s'ils ne le disent pas. » C'est à eux que revient bien souvent la contraception, une fois que les enfants sont nés et que la famille est faite ! À l'âge moyen de 36 ans, monsieur (accompagné de madame) prend la décision de couper court le « canal bébé », selon l'expression consacrée, pour que sa compagne n'ait plus à se préoccuper de contraception orale. « Un tiers des hommes du Québec sont vasectomisés à l'âge de 50 ans, et les Québécois détiennent le record national », affirme le docteur **Michel Labrecque**, du département de médecine familiale de l'université Laval. Celui-ci procède à lui seul à 1 800 vasectomies par année ! « Je vois de plus en plus de Français avoir recours à mes services », confie le médecin. Mais, concède-t-il, « nous vivons ici dans un modèle anglo-saxon où la pratique est plus généralisée ».

Cela étant, même avec une culture féministe installée (les cours en études féministes dispensés par l'Uqam sont très populaires), le mouvement s'est affaibli, comme ailleurs, en raison du désengagement des jeunes femmes d'aujourd'hui – pourquoi lutter pour des droits acquis ? Si les lois provinciales et fédérales protègent la parité homme-femme sur le marché du travail, leur application n'est pas systématique et la politique de privatisation du gouvernement libéral de Philippe Couillard, qui coupe les budgets dans les services publics, nuit particulièrement aux femmes. Universités, santé, éducation, services sociaux : dans ces secteurs d'emploi féminins, l'heure est aux coupes de budget gouvernemental. Et, dans les faits, rien de nouveau : les femmes sont toujours minoritaires au sein des conseils d'administration, mais aussi aux postes clés des entreprises et du gouvernement. ■

CHAPITRE II

LA CULTURE D'ICI, LIBRE ET DÉCOMPLEXÉE

LES ARTISTES QUÉBÉCOIS S'ÉMANCIPENT

L« Le créateur québécois actuel a deux choix : ou il tourne carrément le dos au passé et s'invente totalement un présent, donc un futur, disait en 1973 l'écrivain Victor-Lévy Beaulieu, ou il croit suffisamment aux choses qu'il y a derrière lui, s'y plonge, les assimile, leur donne un sens nouveau, celui d'une œuvre qu'il bâtit en fonction du nouvel univers qu'il voudrait voir s'établir ici. » Quarante ans et deux référendums plus tard, la culture au Québec s'est largement émancipée de la nécessité politique d'être au service de l'affirmation de l'identité nationale. Les artistes québécois se sont tracé une voie originale, entre particularisme francophone et mondialisation. Avec ou sans accent, en français ou en anglais, ils s'exportent maintenant partout dans le monde, de Paris à Las Vegas, de Shanghai à Tokyo. Que ce soit dans les arts du cirque, la musique, le théâtre, le cinéma, l'humour, la danse, les arts visuels et numériques ou la littérature, le Québec affiche une créativité étonnamment foisonnante par rapport à la taille de sa population. Mais surtout, à la différence de leurs aînés, les écrivains d'aujourd'hui, parmi lesquels **Perrine Leblanc**, s'affirment sans complexe vis-vis des Canadiens anglophones, des Américains ou des Français.

En 1838, Le gouverneur général britannique Durham se rendit au Canada pour faire un rapport sur les rébellions qui agitaient la population locale, essentiellement composée de *French Canadian*. Il les décrit alors avec mépris comme un peuple « sans histoire et sans littérature ». Un peu moins de deux siècles plus tard, les Québécois ont pris leur revanche.

Vous êtes une auteure québécoise mais vous n'écrivez pas nécessairement sur le Québec, contrairement à

beaucoup de vos prédécesseurs. Est-ce une question de génération ?

Je suis née en 1980 et je crois que les jeunes écrivains s'intéressent en effet un peu moins à la question identitaire que ceux de la génération de la Révolution tranquille. Dans les années 1960, 1970 et 1980, le Québec vivait une sorte d'adolescence. En ce début de xxiᵉ siècle, nous allons vers une maturité identitaire en tant que nation. Nous nous sentons moins menacés, culturellement et politiquement. Le Québec n'abrite plus une population homogène issue de la Nouvelle-France, elle est devenue une terre d'accueil. Nous avons besoin de cette ouverture sur le monde et besoin de l'émigration pour que la société fonctionne. En littérature, les auteurs comme les éditeurs ont suivi le mouvement. Nous nous autorisons donc à traiter d'autres sujets. Mais cela ne passe pas toujours bien auprès du public, je dois l'admettre. Ainsi, le héros de mon premier roman, *Kolia* (titré *L'Homme blanc* au Québec), est russe et ça a fait jaser ! Mais il vient un moment où l'envie de transgression se fait jour. Situer mon histoire en URSS était en réalité une façon de parler du Québec autrement. Après tout, les paysages sibériens, la taïga et même les autochtones russes ne sont pas si différents du nord du Québec et de nous-mêmes…

Cela dit, mon identité d'écrivaine demeure québécoise. Mais qu'est-ce que l'identité d'un auteur ? Même Dany Laferrière, symbole par excellence de « l'écrivain québécois », dont le dernier roman, *Tout ce qu'on ne te dira pas, Mongo*, est une longue lettre d'amour au pays, souhaite pouvoir dépasser cette question. Il y a quelques années, il s'était amusé à publier un petit opus au titre provocateur : *Je suis un écrivain japonais*. En réalité, c'est un écrivain du monde et sa langue littéraire n'est pas d'ici ou d'ailleurs ; elle est de partout. Mais les lecteurs et les médias aiment pouvoir identifier clairement les auteurs. Lorsqu'il a été admis à l'Académie française en 2013 (c'est le premier écrivain québécois à avoir reçu cet honneur), sa fiche Wikipédia a été modifiée plusieurs fois : d'écrivain « québécois d'origine haïtienne », il est devenu « haïtien vivant au Québec », puis « haïtien et québécois »...

Ce qui reste toutefois indissociable de la culture québécoise, c'est la langue française...

Nous sommes avant tout des Nord-Américains francophones. Le français est la norme de communication au Québec et notre société s'est organisée toute entière autour de ce fait-là. Ce qui est unique et remarquable. Yann Martel, l'auteur du best-seller international *L'Histoire de Pi*, est l'un des très rares Québécois à avoir choisi d'écrire directement en anglais. Mais pour moi, écrire en français n'est pas un choix politique ; c'est un choix naturel. Je dis bien « français » et non pas « québécois ». La langue québécoise n'existe pas. Le français que nous parlons ici n'est pas un créole, mais une langue française « colorée », influencée par son histoire et sa géographie, un français d'Amérique. C'est ce qu'a compris mon éditeur français, qui n'a jamais cherché à « franciser » ma langue.

Michel Tremblay, grand écrivain et dramaturge québécois, auteur de nombreuses pièces jouées dans le monde entier, comme *Les Belles-Sœurs*, appartient, lui, à une époque différente, celle où le Québec se libérait de la « grande noirceur » [les quinze années qui ont suivi la Seconde Guerre mondiale, marquées par un fort conservatisme, et qui ont abouti, au début des années 1960, à la Révolution tranquille]. Sa langue est marquée par ses origines populaires : c'est du joual. Mais on ne le parle pas, c'est une langue littéraire, une création en quelque sorte. Exactement comme la langue qu'on entend dans les films de Xavier Dolan. Cela dit, je reconnais que le décalage entre la langue écrite et la langue orale au Québec peut être très grand. Il m'arrive d'avoir l'impression de « traduire » en écrivant. La pauvreté du vocabulaire, les archaïsmes et les anglicismes font que les Québécois sont parfois difficiles à comprendre. Pire, ils ne se comprennent pas toujours eux-mêmes ! Plus d'un million d'entre eux reconnaissent éprouver de grandes difficultés d'écriture et de lecture, ce qui est évidemment très grave.

Les Québécois, artistes compris, se sont dits longtemps « nés pour un p'tit pain ». Mais depuis Céline Dion jusqu'à Xavier Dolan, aujourd'hui, l'ambition semble enfin autorisée, voire revendiquée. Un autre signe de maturité, selon vous ?

Autrefois, on se contentait de peu, c'est vrai, mais c'est bien fini, tout ça ! Nous avons réussi à engendrer de nombreux créateurs, qui portent haut la bannière du Québec partout dans le monde. Xavier Dolan, qui a remporté, entre autres, le prix du jury au Festival de Cannes en 2014, incarne vraiment la modernité québécoise, son esthétique, sa langue. La façon qu'il a de promouvoir son travail, sans aucun complexe, est également nouvelle. D'ailleurs, la place que la France lui a donnée dans son star-système est tout à fait incroyable, on n'avait jamais vu ça ! Mais il existe d'autres cinéastes reconnus internationalement, comme Denys Arcand (*Le Déclin de l'Empire américain* et *Les Invasions barbares*), Jean-Marc Vallée (auteur de *C.R.A.Z.Y.*), Denis Villeneuve (*Incendie*). Hors cinéma, il y a bien sûr Robert Lepage, immense dramaturge et comédien, et aussi le Cirque du Soleil et les Sept Doigts de la main, qui ont complètement révolutionné le cirque non animalier.

Maintenant, ce sont les artistes étrangers, et notamment les Français, qui regardent vers nous ! La France n'est plus un modèle, même si Paris restera toujours Paris…

Les « autres Canadiens » commencent même à s'intéresser aux artistes québécois…

C'est très important pour moi que mes romans soient traduits dans la langue de ma grand-mère. Je les aime, mes romans en anglais… Nos rapports avec nos voisins anglophones sont en train de changer, c'est vrai. Quand la traduction de *Kolia* est sortie, le *Toronto Star*, l'un des principaux quotidiens au Canada anglais, a dit apprécier le fait que ce roman ne se situait pas au Québec (!) et l'a qualifié de « nouveau classique littéraire canadien » ! L'auteur québécois Nicolas Dickner a vu son livre *Nikolski* devenir un best-seller au Canada. Et puis, ironiquement, nous avons quelque chose en commun : le défi de se différencier des « Étasuniens » ! Dès qu'une star émerge au Canada, on croit qu'elle est américaine ! Mais à l'inverse des Québécois, les Canadiens anglophones n'ont pas développé de stratégie pour affirmer leur spécificité.

Cependant, la frontière imaginaire qui sépare les Canadiens et les Québécois, et qui a produit ce que l'écrivain anglo-québécois Hugh MacLennan a appelé « les deux solitudes », existe toujours. Certains festivals de littérature, en Ontario, par exemple, accueillent volontiers des auteurs français traduits en anglais, mais boudent un peu les auteurs québécois traduits en anglais…

Votre mère vient de la Gaspésie et a vécu proche des Micmacs, une nation amérindienne installée sur les berges du Saint-Laurent. Vous avez été élevée dans la fascination de cette culture, qui fut pourtant totalement

ignorée des Blancs. Cependant, les choses changent. Les Québécois seraient-ils en train de se reconnecter à ce qui est aussi leur héritage ?

Dans mon dernier roman, *Malabourg*, j'ai mis en scène un personnage avec des racines amérindiennes mais je n'en ai pas fait un enjeu, car cela me semblait naturel. On a pourtant longtemps gommé et caché ces branches de notre arbre généalogique. Heureusement, une volonté politique se fait jour, au Québec mais surtout au Canada, de soutenir les projets artistiques autochtones. On le voit dans les missions culturelles québécoises à l'étranger, auxquelles participent de plus en plus d'artistes et d'écrivains des Premières Nations. Lors de la fête de la Saint-Jean-Baptiste, notre fête nationale, la grande poétesse innue, Natasha Kanapé Fontaine, a été invitée sur scène avec d'autres artistes québécois. Les Autochtones eux-mêmes font un pas vers les Blancs, dont ils avaient peur il n'y a pas si longtemps. Le traumatisme des pensionnats, notamment, a marqué toute une génération. [Entre la fin du XIXe siècle et 1996, plus de 150 000 enfants autochtones ont été arrachés à leur famille et placés dans des pensionnats religieux. Des milliers y sont morts, beaucoup ont été violés. Ce « génocide culturel » est aujourd'hui officiellement reconnu.] Il faut du temps pour que les blessures cicatrisent. Mais le processus est enclenché, je crois, et pas uniquement dans la culture. Cela s'appelle ici la Réconciliation.

En revanche, les Québécois ne semblent guère solidaires des autres francophones du Canada, pourquoi ?

Gabrielle Roy, l'une des plus grandes auteures québécoises, était née au Manitoba. Le cinéaste Denis Côté vient du Nouveau-Brunswick, l'imitatrice Véronic DiCaire est, elle, franco-ontarienne, les chanteurs Natasha St-Pier et Roch

Voisine sont acadiens… Je considère que la plus grande poétesse francophone au Canada est Georgette Leblanc [aucun lien de parenté], une Acadienne de la Nouvelle-Écosse qui s'exprime dans une langue très particulière, mélangeant le français, l'anglais et le chiac (un mélange vernaculaire franco-anglais). Son travail porte le désir de laisser une trace de cette langue et de cette histoire-là. Exactement comme Michel Tremblay, à son époque. Pourtant, les Québécois critiquent beaucoup la langue de ces écrivains, alors même que ceux-ci portent à bout de bras la culture francophone dans un environnement majoritairement anglophone. Les Québécois semblent craindre l'image qui leur est renvoyée et se disent : « Voilà ce qui se passe si on ne protège pas notre langue. » Ils ont donc tendance à phagocyter les apports extérieurs. Quant aux autres francophones, ils redoutent le nationalisme québécois, imaginant difficilement pouvoir survivre dans un Canada séparé du Québec. On pourrait presque parler de « trois solitudes ».

Pour résumer, parmi les cultures francophones minoritaires en Amérique du Nord, le Québec représente effectivement le centre et n'entend pas laisser sa place. ∎

QUÉBEC IMAGINAIRE ET QUÉBEC RÉEL

« Attention, traverse de lutins ». Des empreintes de pieds (de lutins) parfaitement visibles sur la route en sont la preuve irréfutable. Plus loin, on peut admirer un « arbre à paparmanes », ces bonbons roses au goût de menthe poivrée, ainsi appelés au Québec, de l'anglais *peppermint*. Bienvenue à Saint-Élie-de-Caxton, un joli village d'à peine 2 000 habitants, perdu dans la campagne de la Mauricie. La carriole pleine de touristes (on en compte 30 000 à 40 000 chaque année), tirée par un joyeux petit tracteur rouge, continue sa route pleine d'histoires. Ah, voilà le salon du célèbre décoiffeur **Méo** ! « Au village, Méo veilla pendant longtemps sur la capillarité générale. À décoiffer juste à point, il sut prendre de front tous les tenants de la raie droite et monotone. Le génie frisait la folie. Ou l'inverse. Et peu importe. Ça se tenait ensemble. Maître dans l'art du sarclage, habile à trier les cheveux blancs et les idées noires, Méo avait surtout les cheveux en face des trous. »

Comme lui disait sa grand-mère, « la vérité, ça s'invente pas aussi facilement que ça ». Mais Fred Pellerin, un enfant du pays, est devenu maître en la matière. Au point que la municipalité a cru bon de prendre comme devise : « Saint-Élie-de-Caxton, ça existe vraiment ! » Toute ressemblance avec des personnages réels n'est pas fortuite dans les histoires de ce « conteur agréable par mégarde ». Fred lui-même a l'air d'un lutin à lunettes et aux cheveux décoiffés à la façon Méo. Diplômé en littérature à l'université du Québec à Trois-Rivières, fils de comptable, il a grandi à Saint-Élie-de-Caxton, où sa grand-mère lui racontait à sa manière la vie de sa petite communauté. Le petit-fils a repris par hasard le fil de son imaginaire bien réel. Il a remis le monde rural au cœur de la création québécoise et, au passage, a inscrit son village « sur la map », une carte aux desseins fantaisistes qui séduisent depuis une dizaine d'années ses compatriotes autant que les francophones de toute la planète.

Des milliers de spectacles, deux films, des disques (il est aussi chanteur) : Fred Pellerin est un phénomène que même les snobs parisiens adorent, c'est dire ! Le petit monde de Fred enchante, au sens où il vous jette un sort auquel vous ne pouvez échapper. Serait-ce parce qu'il évoque un Québec rêvé, rural et charmant, même s'il est aussi *De peigne et de misère*, du titre de l'un de ses derniers spectacles ? Ses contes poétiques et fantastiques réinventent un monde passé. Et ce pays que raconte Fred Pellerin de sa langue inimitable conforte peut-être l'idée que les étrangers, et dans une certaine mesure les Québécois eux-mêmes, se font de la Belle Province. Celle des « Canadiens français », pauvres mais dignes, menant leur petite vie de braves bûcherons qui s'organisait autour de l'église et de l'hiver sans fin. Comme dans le roman graphique de deux Français installés au Québec, Régis Loisel et Jean-Louis Tripp, le *Magasin général* (neuf tomes entre 2006 et 2014), qui a remporté un succès énorme et inattendu des deux côtés de l'Atlantique.

Les « nègres blancs d'Amérique » (surnommés ainsi par l'écrivain Pierre Vallières en 1968, dans un livre considéré à l'époque comme le principal manifeste du mouvement de libération nationale québécois) n'ont pourtant longtemps gardé de cette histoire que la misère et la honte. Un passé sombre et sans gloire à leurs yeux, qui a perduré dans leurs romans, leurs « téléromans » et leurs films. Une condition culturelle décrite comme « Une fabrique de servitude » par l'historien Roger Payette et le politologue Jean-François Payette, dans leur essai éponyme paru en 2015. « Né pour un p'tit pain », selon l'expression populaire, il fallait le rester. Dans les années 1940 et 1950, les rares films produits au Québec, aux titres évocateurs comme *Un homme et son péché*, *L'Enfant martyre* ou *Le Curé du village*, faisaient l'éloge de la vie rurale, « à l'opposé de celle de la ville remplie de pièges pour l'âme et la morale, en plus d'être une menace à la "race canadienne française" », souligne la journaliste Denise Bombardier dans son *Dictionnaire amoureux du Québec*.

C'est l'époque aussi où tout « étranger » représente un danger, à l'instar du héros du grand roman du terroir canadien français de Germaine Guèvremont, publié en 1945, *Le Survenant*. L'entre-soi était une condition de survie, croyait-on alors. Les Canadiens français faisaient donc des enfants pour « vaincre par le nombre après avoir perdu par les armes », explique Denise Bombardier.

Mais la Révolution tranquille va permettre de raconter une autre histoire et de créer d'autres mythes. « Gaston Miron, dont la poésie demeure encore aujourd'hui un classique de la littérature québécoise, explique le sociologue **Mathieu Bock-Côté**, parlait à cette époque du Québec comme d'un pays "chauve d'ancêtres", donc sans héritage, où tout est à créer, à mettre au monde. Le Québec devait s'écrire sur une page blanche. » Les poètes, les écrivains et les chanteurs se feront donc chantre d'un « pays », qui n'est plus seulement un terroir mais une nation en train de naître.

« Mon pays ce n'est pas un pays, c'est l'envers/D'un pays qui n'était ni pays ni patrie/Ma chanson ce n'est pas une chanson, c'est ma vie/C'est pour toi que je veux posséder mes hivers », chantait Gilles Vigneault, le troubadour de Natash-quan, en 1965. À sa manière plus rock, Robert Charlebois et son parolier Pierre Bourgault enfoncent le clou dans *Entre deux joints*, une chanson de 1973 : « Y t'reste un bout à faire/Faut qu't'apprennes à marcher/Si tu fais comme ton père/Tu vas te faire fourrer/Ah j'sais que t'es en hostie/Pis qu't'en as jusque-là/Mais tu peux changer ça/Vit' ça presse en maudit/Couche-toi pas comme un chien/Pis sens-toi pas coupable/Moi j'te dis qu't'es capable/C'pays-là t'appartient. » Mais le Québec, comme le souligne Denise Bombardier, est toujours « un pays plus métaphorique que réel ».

Retour dans le futur. 2016, Repentigny, Centre d'art Diane-Dufresne, l'une des stars québécoises des années 1970 et 1980. L'artiste conceptuel **Simon Beaudry**, 40 ans, peaufine les détails de sa dernière exposition, qui reprend ses thèmes de prédilection. Dès l'entrée, une grande œuvre photographique annonce la couleur. Elle s'intitule *Le Québécois du futur*. Elle met en scène un enfant à la peau noire, censé incarner autant le passé que l'avenir et le métissage de ses racines. La tradition québécoise est représentée par la chemise à carreaux et la ceinture fléchée (ceinture tressée que portaient les coureurs des bois), les origines amérindiennes et inuits par le casque en poil et les *iggaak*, des lunettes en bois pour éviter la cécité des neiges. « Moi, c'est par l'art que je tente de faire le pays, à défaut qu'il ne se fasse politiquement. » Simon Beaudry poursuit ainsi l'héritage de ses aînés. À son tour, il invente, ou plutôt réinvente, son Québec. Il travaille sur les clichés et détourne les symboles canadiens français traditionnels, voire folkloriques, pour les intégrer dans une réflexion contemporaine sur l'identité québécoise. Il plante des clous pointus sur des cuillers (qui servaient à marquer le rythme, à la façon des castagnettes), les transformant ainsi en objets de torture, ou conçoit une raquette à neige-piège.

Simon, nerveux et passionné, a le sens de la provocation, au service d'une vision souverainiste mais ouverte au monde. « Ma démarche artistique trouve beaucoup de sens aujourd'hui alors que le Québec voit ses références culturelles et traditionnelles se métisser, nous exposant tous à la perte de nos repères. Ce sont ces repères que j'utilise comme matière première de réflexion et que je veux modifier pour les rendre plus actuels. Mon travail artistique se situe dans cette volonté de participer à la transformation de notre identité nationale pour qu'elle puisse continuer de s'émanciper. » Comme le disait le romancier et cinéaste Jacques Godbout, grande figure de la culture depuis la Révolution tranquille : « Le Québec est un mythe américain, c'est-à-dire un espace que l'imaginaire peut transformer chaque jour. » ∎

E N V. F., SVP !

Le 29 janvier 2015, l'homme d'affaires et futur chef du Parti québécois, Pierre Karl Péladeau, dit PKP, assiste au concert du groupe Groenland, composé de Québécois francophones. Sabrina Halde chante en anglais, comme d'habitude, quand il crie soudainement à son intention : « En français, s'il vous plaît ! » Comme un écho inversé de l'injonction des Anglais qui autrefois intimaient aux francophones : « *Speak white !* » La salle en est restée médusée, paraît-il. Mais le cri du cœur (ou de la raison politique ?) de PKP n'est pas anodin. Quarante ans après la promulgation de la loi 101, voilà que de nombreux chanteurs francophones s'expriment en anglais. Certains n'utilisent même jamais le français dans leurs œuvres, comme Groenland, Pascale Picard ou Bobby Bazini. D'autres alternent dans les deux langues, telles Céline Dion, Ariane Moffatt ou Cœur de pirate.

Même des piliers de la chanson « pure laine » comme Kevin Parent, le « Cabrel de la Gaspésie » comme l'a surnommé un journaliste français, ou Bruno Pelletier (l'une des stars de la comédie musicale *Notre-Dame de Paris*) cèdent aux sirènes anglosaxonnes. Le phénomène n'est pas nouveau. Pour s'en moquer, le célèbre groupe d'humoristes RBO écrivait déjà en 1991 une chanson intitulée *I want to pogne* (qu'on pourrait traduire par « I want to pécho ») : « I am the Judas of the French Canada/ America is a big market/If there is more public/There is more money in my pocket-e. »

Dans la cafétéria au rez-de-chaussée de la grande tour de Radio-Canada, sur le boulevard René-Lévesque à Montréal, **Monique Giroux**, la Madame Chanson des ondes publiques depuis vingt-cinq ans, choisit prudemment ses mots : « La question est délicate… » Grande gueule passionnée, le cheveux épais et noir,

51

le regard intelligent et pétillant derrière de grosses lunettes, Monique est très sympathique. D'ailleurs, on l'appelle facilement « Monique », comme on dit ici « Céline » ou « Félix », pour Dion et Leclerc. Car Monique est à sa façon une star de la chanson, infatigable avocate et encyclopédie vivante de la musique québécoise et francophone. Les artistes l'adorent et elle le leur rend bien.

Ces jeunes qui chantent en anglais, dit-elle, « appartiennent à la génération post-référendum, ils sont bilingues pour la plupart, apolitiques et citoyens du monde. C'est normal qu'ils chantent en anglais. Mais ici la chanson est encore, comme au temps de Félix ou de Charlebois, le porte-flambeau de la culture francophone en Amérique, beaucoup plus que le cinéma ou la littérature. Alors, évidemment, la question de la langue n'est pas anodine. Prenons l'exemple d'Ariane Moffatt : elle a fait plusieurs albums avec beaucoup de succès et elle est devenue une artiste importante. Un jour, par inspiration, par choix, spontanément, parce que sa résidence et son studio d'enregistrement sont situés à Montréal dans le Mile End, *le* quartier musical par excellence de tout le Canada, elle écrit quelques chansons en anglais. Les critiques ont été parfois virulentes à son égard. Mais je l'ai défendue, car peut-on imposer à un artiste-peintre de faire toujours le même tableau, avec les mêmes couleurs et les mêmes encadrements ? Et puis c'est quoi, la chanson québécoise ? Des mots en français sur de la musique américaine ! On a toujours été plus guitare que piano. La country, le folk, le rock… c'est aussi notre culture, il ne faut pas l'oublier. »

Monique Giroux travaille pour Radio-Canada, un service public dont le mandat au Québec est 100 % francophone. Mais l'audience de « Radio-Can » est loin d'être à la hauteur de son prestige. Comme en France, ce sont les radios commerciales qui dominent. Elles aussi doivent cependant respecter des quotas de

65 % de musique francophone, mais s'arrangent souvent pour concentrer ce contenu à certaines heures : « Elles diffusent de la chanson anglophone à tire-larigot, constate Monique, et cela incite les jeunes artistes à créer en anglais, afin d'être diffusés sur leurs ondes. Beaucoup ambitionnent aussi une carrière aux États-Unis… Mais ce qu'ils n'ont pas compris et que je m'esquinte à leur dire, c'est que les Américains et les Canadiens anglais n'ont pas besoin d'eux, ils sont déjà 300 millions, ça suffit ! »

« Les francophones ont bien sûr le droit de chanter en anglais au Québec. Reste à savoir si on doit les encourager à le faire et les subventionner. La réponse en principe est évidemment non », soutient dans une des ses chroniques au *Journal de Montréal* le politologue souverainiste **Christian Dufour**. « Il y a quelque chose de masochiste dans l'idée que le gouvernement de la seule société francophone du continent subventionne les productions en anglais – souvent médiocres – de ses citoyens francophones. »

Le chroniqueur n'a cependant rien contre le fait que les productions anglophones des francophones reçoivent des subventions fédérales, « un gouvernement institutionnellement bilingue », et que les Anglo-Québécois, eux, soient en droit de demander l'aide du Québec pour des productions dans leur langue. Pour ces derniers, contrairement à ce qu'on pourrait croire, la vie n'est d'ailleurs pas toujours si facile. Minoritaires dans la province, les Anglo-Québécois possèdent une spécificité que tout le monde leur renie plus ou moins, les francophones comme les Canadiens et les Américains. Même les radios commerciales ne les diffusent pas si fréquemment. Et puis les Anglos eux-mêmes ne forment pas une population homogène. Il y a les Anglo-Juifs, comme Leonard Cohen, les Anglo-Irlandais ou Écossais, sans compter tous les autres Anglo-quelque chose…

À la question : « Êtes-vous des musiciens québécois ? », les membres de **The Nolans**, un groupe rock semi-professionnel, répondent spontanément qu'ils sont des « Montréalais anglo-italiens ». Le batteur **Joey Tiano**, la trentaine, dit parler anglais avec ses amis et au travail, italien dans sa famille et français au hockey, car son entraîneur l'y obligeait durant son enfance ! Son groupe est régulièrement programmé sur les ondes de radios anglophones, ils se produisent parfois en Ontario et, tous les mois, sur l'une ou l'autre des nombreuses scènes montréalaises. Si Joey n'ignore rien de son prestigieux aîné Leonard Cohen, du groupe Arcade Fire ou de Patrick Watson, des compatriotes qui remportent un vrai succès international, il ne connaît absolument pas ses collègues francophones. Cœur de pirate, Daniel Boucher, Beau Dommage ou Richard Desjardins sont pour lui des noms inconnus. Le batteur se sent un peu gêné d'avouer cela, mais il n'affiche aucunement la morgue de ses compatriotes plus âgés envers les francophones. « C'est vrai que je rate certainement beaucoup de choses, admet-il, je me promets de m'y intéresser plus… »

La dualité culturelle et linguistique de Montréal (contrairement aux régions, presque exclusivement francophones) nourrit tous ces artistes qui, comme Rufus Wainwright, trouvent dans la métropole une richesse inspirante. Si la population sur l'île est de plus en plus bilingue, rares sont ceux, cependant, qui font un pas dans l'autre sens, à l'instar, par exemple, d'un Jim Corcoran, qui joue en orfèvre de la langue française.

« C'est peut-être ça aussi, la musique du Québec aujourd'hui : un mélange unique en son genre, commente Monique Giroux. Cela dit, je reste vigilante, mais je ne suis pas très inquiète quand je constate le foisonnement actuel de la musique d'ici ! D'autant qu'à côté de ceux qui chantent en anglais émerge toute une nouvelle vague de musiciens qui portent des barbes, des chemises à carreaux et chantent avec un grrros accent ponctué de "toué" et de "bin", comme Les Cowboys fringants, Bernard Adamus ou Fred Fortin... Ce sont les fils spirituels de Félix Leclerc et de Charlebois. De vrais "pure laine" qui font un tabac, même en France... » L'important, c'est la V. O. ! ∎

TOUT LE MONDE EN PARLE... C'est l'histoire d'un gars qui, à lui seul, incarne deux des plus importantes composantes de la culture populaire québécoise : les séries et l'humour. **Guy A. Lepage**, 56 ans, est le concepteur, producteur et acteur d'*Un gars, une fille*, la série la plus vendue au monde, sacrée meilleur format de fiction dans l'histoire de la télévision internationale, rien de moins ! Depuis 2004, il est surtout connu pour être le producteur et l'animateur de l'émission hebdomadaire *Tout le monde en parle*, inspirée du concept français du même nom. Véritable grand-messe du dimanche soir sur Radio-Canada, *TLMEP*, comme on dit, est regardé par environ un million de téléspectateurs (sur huit millions de Québécois, cela fait beaucoup). Tout ce qui compte dans l'actualité sociétale, politique et culturelle québécoise, parfois même internationale, défile dans ce « show de chaises », sous le feu des questions acérées de Guy A. Lepage et de son « fou du roi », Dany Turcotte.

Et c'est vrai que le lundi matin, tout le monde en parle... Coups de gueule, mises au point et séquences émotion alternent avec un sens du rythme et une vraie liberté de ton, même si les Français trouvent les animateurs bien gentils par rapport au mordant cynique du duo d'origine. « C'est sûr que je ne demanderais jamais à un invité, comme l'a fait Thierry Ardisson, si "sucer, c'est tromper" ! admet Guy A. Ce n'est pas notre culture, tout simplement. Nous, on est odieux avec les gens odieux et gentils avec les gens gentils, contrairement aux Français, qui peuvent être odieux avec tout le monde ! Et puis *TLMEP*, ce n'est pas RBO, notre mission est différente, plus pédagogique et moins satyrique. »

Ah… RBO ! Lancez ces trois initiales à n'importe quel représentant de la génération X et vous verrez ses yeux s'embuer et la machine à souvenirs s'activer. RBO, c'est Rock et Belles Oreilles, l'un des groupes humoristiques phares de la décennie 1985-1995, dont les sketchs drôles et subversifs sont devenus cultes. « Il y a toujours eu une forte demande ici pour ce genre de divertissement, raconte Guy A. Nous sommes les héritiers d'une lignée d'humoristes qui s'inscrivaient directement dans la tradition du stand-up américain, du style Dean Martin. Nous sommes aussi les enfants d'Yvon Deschamps, bien sûr, le pionnier d'une forme d'humour social. C'est l'apparition du vidéoclip, dans les années 1980, qui a insufflé un rythme plus rapide et plus incisif à l'humour. Ce qui nous convenait très bien, car c'est un rythme nord-américain. Quand je voyais les spectacles du français Raymond Devos à l'époque, je me disais que c'était un génie, certes, mais au bout de dix minutes, j'en avais assez ! »

Alors que RBO commence à remplir les salles, en 1983, le duo Ding et Dong anime *Les Lundis des Ha ! Ha !* au Club Soda de Montréal, ce qui lance une toute nouvelle génération d'humoristes. Un an plus tard, Gilbert Rozon crée le festival Juste pour rire, rapidement suivi de sa version anglophone, Just For Laughs. En 1988, l'École nationale de l'humour ouvre ses portes. Elle est toujours dirigée par Louise Richer, alors compagne de Guy A. Lepage… L'humour devient une industrie et ses protagonistes, des vedettes plus populaires que n'importe quel chanteur. « Ici, tous les Québécois, les Français, les Belges, les Anglais et les Américains *hot* viennent se produire. C'est le seul endroit au monde où l'on peut réunir tous ces artistes dans un même festival ! explique Guy A. Si la société québécoise est toujours très distincte du reste du Canada, c'est encore et toujours grâce à ses artistes. Allez à Las Vegas et vous comprendrez : quand on arrive là-bas et que le chauffeur de taxi reconnaît votre accent, il est tout de suite intéressé et vous demande si vous avez des projets. Ce n'est pas par hasard : les plus gros shows à Las Vegas sont québécois : Céline Dion, le Cirque du Soleil, le magicien Alain Choquette… C'est le talent d'ici qui a donné un boum à cette ville-là, deux fois plutôt qu'une ! »

Malgré les coupes budgétaires drastiques sous le gouvernement conservateur de Stephen Harper, Premier ministre de 2006 à 2015, les arts et la culture au Québec sont certainement le secteur qui reçoit le plus de subventions. Le Conseil des arts du Canada et son pendant au Québec comptent respectivement plus d'une centaine de programmes d'aide. Le recours au financement privé et au *sponsoring* (en français : « commandites ») est néanmoins de plus en plus une nécessité. Les principaux intéressés alimentent régulièrement le débat sur l'importance des subventions publiques. Guy A. Lepage en est un ardent défenseur : « Il faut continuer à subventionner notre secteur culturel, car il rapporte énormément ! »

Outre les humoristes et les chanteurs, les téléséries sont aussi une spécialité culturelle du pays. Elles seraient même inscrites « dans l'ADN des Québécois », selon Matthieu Dugal, un animateur télé. En effet, ce sont les productions locales qui drainent les meilleures audiences depuis des décennies. D'un comique absurde comme *La Petite Vie* (1993-1998) ou d'un réalisme dramatique comme l'une des plus récentes, *Unité 9*, les séries québécoises représentent le marqueur de la culture populaire. Originales, rythmées, bien jouées, elles n'ont rien à envier aux meilleures de la production américaine ou scandinave. Mais, à l'exception notable de la série de Guy A. Lepage, elles ne s'exportent pas aussi bien. Question d'accent ? « J'ai exigé qu'il y ait des sous-titres lorsqu'on a vendu en France le coffret DVD de la version québécoise, reconnaît Guy A. Je voulais que les gens comprennent ce qu'on dit ! Moi, si je regarde une série où les acteurs ont l'accent du Texas, je lis les sous-titres pendant quelques épisodes pour que mon oreille s'y habitue et après, je n'en ai plus besoin, c'est tout… Les sous-titres, ce n'est pas grave, même pour les films de Xavier Dolan, que cela énerve. Ce qui est grave, c'est que ses films ne soient pas diffusés partout dans le monde, car c'est un vrai ambassadeur du Québec. »

Guy A. n'a pas eu ce problème avec *Un gars, une fille*, puisque c'est son concept et non la série elle-même qu'il a vendue. Il s'amuse d'ailleurs, plus qu'il ne s'en agace, du fait que chaque pays où la série a été adaptée s'en approprie la paternité. « Je m'en fous complètement, ricane-t-il. Si j'avais voulu avoir un ego sur ça, j'aurais joué moi-même partout, mais en tant que concepteur et auteur, j'en suis juste ravi, d'autant que cela m'a rendu très riche. » Guy A. n'est pas « né pour un p'tit pain » . Si son franc-parler comme sa réussite irritent parfois, il reste l'une des personnalités médiatiques les plus populaires du pays. Dans le bistrot à vin qu'il vient d'ouvrir dans le nouveau Quartier des spectacles à Montréal, le quinquagénaire savoure confortablement son succès, sans complexes ni regrets. C'est l'histoire du gars. ■

CHAPITRE III

ONTRÉAL, UNE MÉTROPOLE
QUI SE RÉINVENTE

LA VILLE DE TOUS LES POSSIBLES

Plus d'un tiers de la population du Québec vit à Montréal. Et 80 % des nouveaux arrivants s'y installent. Montréal, c'est la mégapole de la province et son centre économique et culturel. « Ville internationale, la plus verte du Canada, sécuritaire, intelligente, audacieuse, vibrante » : Denis Coderre, maire de Montréal, ne tarit pas d'éloges pour la décrire lors d'une conférence publique donnée en octobre 2016. Il faut dire qu'à l'aube du 375e anniversaire de la métropole, qu'on s'apprête à célébrer en grand, les Montréalais ont bien besoin de renforcements positifs et d'actions concrètes. Le dévoilement de la corruption municipale des dernières années leur a laissé un relent d'amertume collective. Un sentiment qui ne convient guère aux Québécois, peu cyniques de nature.

Cependant, le milieu d'affaires semble retrouver sa vitalité, surtout autour de l'industrie du numérique et du multimédia. L'étonnante créativité des entreprises technologiques s'exporte d'ailleurs très bien sur les marchés internationaux. Le génie québécois fait figure d'exemple. Mais derrière sa Conférence internationale sur la créativité, sa Cité du multimédia ou son Quartier de l'innovation, Montréal a aussi sa part d'ombre : les stigmates de l'itinérance et de la précarité cohabitent avec les signes extérieurs de la réussite et de la modernité.

Alexandre Taillefer, star de l'entreprenariat montréalais, est un fervent amoureux de Montréal. L'homme d'affaires, dont l'implication sociale et culturelle est bien connue, parle de la « ville de tous les possibles et de la liberté d'être ».

Vous venez de lancer les taxis Téo, entièrement électriques, et de racheter deux entreprises locales de taxi.

Vous détenez ainsi 40 % de la flotte montréalaise. Parallèlement, vous militez contre l'automobile individuelle. Vous avez une vision audacieuse pour un entrepreneur nord-américain, *le* continent de la voiture par excellence...
Avec Téo, nous avons appliqué une dimension sociale forte en payant nos chauffeurs à l'heure (15 dollars), ainsi qu'une dimension écologique. Je me suis moi-même débarrassé de mon auto il y a trois ans. La voiture n'est pas seulement nuisible d'un point de vue environnemental, c'est le plus grand facteur d'appauvrissement individuel et collectif.

Il faut impérativement mettre en place des procédures pour freiner la croissance automobile à Montréal. Quand on sait que le parc automobile a augmenté de 4,5 % en 2015 tandis que la population a crû de seulement 1,8 % ! Dans les années 2000, les programmes de crédit automobile se sont multipliés, les prix de l'immobilier ont grimpé, ce qui a eu pour effet un catastrophique étalement urbain. Les automobilistes doivent payer le juste prix. Le prix de la licence n'est pas suffisant : il faut mettre en place une taxe kilométrique variable en fonction de l'heure de la journée, pour dissuader les Montréalais de prendre leur automobile. Même chose pour l'accès aux ponts : entre 7 heures et 8 h 30 du matin, l'accès au pont Champlain [qui dessert le sud de l'île de Montréal], par exemple, devrait être tarifé trois fois plus que durant la journée. Le taxi n'est pas un compétiteur à l'automobile en libre service ou au vélo urbain : c'est un complément. L'ennemi, c'est la seconde voiture ; il faut que celle-ci disparaisse des foyers du Grand Montréal [île et banlieues]. Tout le monde ne s'en portera que mieux !

Exode des citoyens vers les banlieues, taux de chômage élevé, précarité, faillites commerciales. Depuis 2015,

la mairie poursuit une vaste consultation citoyenne, « Je fais Montréal », avec pour objectif affiché que la prospérité économique soit au service du développement social. Mais c'est encore loin d'être le cas, semble-t-il ?

Il est vrai que lorsqu'on regarde froidement les bilans, on n'a pas de raison de se réjouir. Mais, depuis quelques années, on anticipe quelque chose et c'est en train d'arriver. Je suis personnellement très optimiste concernant cette ville. On détient tous les ingrédients, il faut juste mettre en place des mesures économiques progressistes. Il faut s'assurer de maintenir la mixité sociale et ethnique dans nos développements urbains ; on le fait, mais pas toujours adroitement.

Le milieu d'affaires montréalais affiche une vitalité nouvelle avec des institutions d'investissement, des incubateurs, des conseils d'entrepreneurs pour aider la relève. On ne voyait pas ça il y a quinze ou vingt ans. Les nouvelles entreprises sont créées dans tous les secteurs, même si, nouvelle génération oblige, ceux de l'informatique sont les plus concernés. L'enjeu, c'est de maintenir les entreprises ici, car nous sommes très bons pour en créer, pour les revendre 10 millions de dollars à l'étranger ! Il faut penser au financement à long terme. Et se sortir de la tête que c'est mal d'être un entrepreneur ou que c'est trop risqué. Ici, on a trop souvent peur de faire faillite, on est pissous [peureux] ! Certes, les jeunes pensent de moins en moins ainsi, mais ce changement est très récent dans notre histoire anthropologique. Nous sommes quelques-uns à croire que, dans dix ans, l'entreprise sera sociale ou ne sera pas. Nous sommes responsables, comme entrepreneurs, de nous assurer que le développement économique ne se fasse pas au détriment de la santé sociale.

**On a longtemps dit que Montréal, la métropole du Qué-
bec, et Québec, sa capitale, étaient des sœurs ennemies
que tout oppose. Est-ce toujours le cas, selon vous ?**
Montréal et Québec vivent des réalités très distinctes. Par bien
des aspects, Québec, c'est tout le contraire de Montréal : une
société d'une grande homogénéité, un taux de chômage très
bas, un multiculturalisme absent et une culture libertarienne
[néolibéralisme politique et économique] très négative, véhi-
culée par les « radios poubelles » [radios émettant des émissions
au contenu populiste, souvent réactionnaire et injurieux]. On
observe dans la capitale une dichotomie entre une économie
artificielle, maintenue à flot grâce à la surpondération du gouvernement et à la présence massive d'adeptes du néolibéralisme.
S'il y a une chicane entre Montréal et Québec, elle est à sens
unique : c'est la ville de Québec qui s'en prend à Montréal.
Mais ce n'est guère étonnant : on s'en prend toujours à plus
grand que soi. Comme Montréal le fait avec Toronto ou New
York. On a longtemps critiqué Toronto en disant qu'il ne s'y
passe plus rien après 21 heures, mais c'est faux : il y a une
vitalité, notamment culturelle, qu'on se doit de reconnaître.

Montréal et Québec représentent bien deux réalités distinctes,
mais il y en a une troisième : les 17 régions administratives du
Québec. Celles-ci ne sont pas monolithiques. J'ai appris à les
découvrir : partout on voit des villes surprenantes avec des milieux de vie et des milieux d'affaires de grande qualité. On a
longtemps cru à la percolation de la richesse, qui prétend que
l'enrichissement de Montréal bénéficie aux régions. C'est faux :
ce n'est pas Montréal qui enrichit les régions ; elles le font très
bien elles-mêmes. Aujourd'hui elles se prennent en main, sont
autonomes et n'ont pas besoin de Montréal pour développer des
projets. En revanche Montréal a besoin des régions. La

métropole doit trouver comment collaborer avec elles, sans entrer en symbiose, pour que le Québec forme un tout plus fort.

Les régions gagneraient, elles, à développer leur offre touristique, en investissant dans la mobilité des citoyens, dans les structures d'accueil. On a laissé tomber le potentiel récréotouristique du Québec ; il faut investir massivement dans des projets d'infrastructures pour relancer une industrie qui pourrait aller bien mieux qu'elle ne va.

Montréal, c'est aussi et surtout la ville la plus multiculturelle de la province. Un *melting pot* plutôt réussi selon vous...
C'est vrai que le coin des rues Clark et Saint-Viateur, dans le Mile End, c'est ce qu'il y a de mieux à Montréal : la café Olympico (italien), les bagels (juifs), l'épicerie grecque, le multiculturalisme foisonnant, le vivre-ensemble à la québécoise, dans une vraie joie de vivre. D'ailleurs on assiste à des déplacements récents de population, valorisés par notre désir et notre aptitude à vivre ensemble. De même au coin des rues Monkland et Old Orchard, dans le quartier de Notre-Dame-de-Grâce, qui était très majoritairement anglophone et devient de plus en plus francophone. À Montréal, dans un rayon très modeste, on trouve les meilleurs vendeurs de *yabrak* [feuilles de romaine farcies, plat judéotunisien], de *chich taouk* [brochettes de poulet mariné à la libanaise] ou de poulets portugais, à côté de très bons chinois ou de la gastronomie française.

Je dis souvent qu'on a été chanceux de manquer d'argent dans les années 1980 : ça nous a évité de multiplier les autoroutes à cause de l'étalement urbain et de construire d'autres horreurs architecturales comme Montreal Trust [tour à bureaux et à vocation commerciale au centre-ville] ! Quand Philippe Stark est venu ici, il a dit aux Montréalais : vous n'avez certainement pas la ville la plus inspirante en terme de design ou d'architecture, mais vous avez quelque chose d'unique : une authenticité. C'est vrai : on a réussi à conserver ça collectivement.

Parle-t-on de plus en plus anglais à Montréal ?

Il est vrai que la pratique croissante de l'anglais est préoccupante, au centre-ville, surtout avec l'immigration temporaire pour le travail ou les études. Il y a deux façons de réagir à ça : en imposant une loi encore plus drastique [que la loi 101] ou en faisant la promotion du français et en jouant sur notre particularisme : une société multiculturelle à prédominance française. Et ce n'est certainement pas à une autre Charte des valeurs, qui diabolise l'« autre » et instaure un clivage, de le faire. La culture du *melting pot*, dans une société majoritairement francophone, c'est l'une de nos plus grandes richesses. On n'aurait jamais vu ça il y a vingt ans : des hommes d'affaires anglophones comme Mitch Garber ou Stephen Bronfman, qui se disent francophiles et reconnaissent que la lutte pour la sauvegarde du français dans les années 1960 et 1970 était légitime. La loi 101, même si elle a causé l'exode des Montréalais anglophones, a été un mal nécessaire. Sans elle, le français aurait disparu, tout simplement. Aujourd'hui les anglophones réalisent que parler français dans une métropole d'Amérique du Nord est un atout. Le *Speak white*, c'est terminé. ■

URBANISME, VOUS AVEZ DIT URBANISME ?

Il est toujours un peu embarassant d'aller chercher des amis en visite au Québec et de les véhiculer à Montréal depuis l'aéroport.

On a beau aimer sa ville, l'arrivée par l'autoroute 20 et par Montréal-Nord est un spectacle un peu affligeant avec ses zones industrielles brouillonnes et ses immeubles d'habitation décrépis. Et que dire de l'état de la chaussée ! Tout cela produit sur le visiteur l'impression d'une ville peu reluisante. Même constat pour le croisiériste qui découvre Montréal par son débarcadère, « un bric-à-brac façon années 1960, qui n'a jamais été rafraîchi. Une honte », déplore **François Cardinal**, journaliste à *La Presse* et chroniqueur en urbanisme et affaires publiques. Quant au centre-ville, il surprend par sa disparité, les gratte-ciel des quartiers d'affaires (boulevard René-Lévesque) jouxtant les squats délabrés de la rue Sainte-Catherine. Anarchique, l'urbanisme dans la métropole québécoise ? C'est peu dire. « Le tout premier plan d'urbanisme remonte seulement à 1995, explique François Cardinal. Alors non, Montréal n'a jamais été pensé dans sa globalité. C'est une courtepointe de quartiers singuliers et c'est précisément ce qui fait son charme. »

Selon le journaliste, Montréal est faite pour plaire à ses citoyens plus qu'à ses visiteurs : « Le Quartier des spectacles a été revampé ces dernières années pour les Québécois qui tripent sur les festivals. Tant mieux si ça attire aussi des touristes, mais ce n'est pas la raison première », explique François Cardinal. D'ailleurs, interrogez les Montréalais sur leur ville et vous aurez droit à un déversement d'amour généralisé – mais pas aveugle pour autant. Suprématie de l'automobile, infrastructures vieillissantes et peu adaptées à l'ère moderne, corruption municipale et pollution : la ville de charme a sa part de fiascos. C'est ce qui ressort du livre collectif *Rêver Montréal : 101 idées pour relancer la métropole*, dirigé par François Cardinal en 2013. Quatre-vingts personnalités publiques, de la politique aux arts en passant par la gastronomie et l'action citoyenne, imaginent un Montréal revu et corrigé autour du transport actif, de la réappropriation des espaces publics, de l'agriculture urbaine ou de la mise en valeur de sa diversité culturelle. Dans son préambule, le journaliste s'y montre plutôt optimiste ; il évoque la fin de l'immobilisme qui a marqué le début des années 2000. Les récents développements immobiliers culturels et commerciaux l'attestent : la place des Arts dépoussiérée et sa superbe Maison symphonique, l'éco-campus Hubert-Reeves dans le Technoparc, le quartier de Griffintown, remis à la mode, pour n'en nommer que quelques-uns.

Et ce vent de renouveau n'a pas fini de souffler si l'on en juge par les grands chantiers en démarrage. Promenez-vous au centre-ville et vous en aurez la preuve. En témoignent les travaux gigantesques – et interminables – du Chum (Centre hospitalier universitaire de Montréal), des deux tours des Canadiens (400 condos sur 50 étages), la tour Deloitte (26 étages à vocation commerciale), la tour L'Avenue (50 étages à vocation résidentielle), etc. Rarement a-t-on vu, dans la métropole québécoise, une telle fièvre de construction. « L'édition 2013 du *Global Financial Index* révélait que la métropole se classait cette année-là au 16ᵉ rang parmi les principales villes d'activité financière dans le monde », rapporte François Cardinal.

Pourtant cet état des lieux semble englué dans un sentiment collectif d'échec, sentiment que le journaliste attribue à ses années de gloire révolues. L'Expo 67 (l'Exposition universelle, qui s'est tenue pour la première fois à Montréal cette année-là, a marqué les esprits) et les Jeux olympiques de 1976 ont projeté sur Montréal les feux de la rampe. Elle était alors dans la mire des grands architectes des années post-Révolution tranquille. Ce rayonnement perdu, voilà que Montréal sombre dans un vide traumatique pour plusieurs années. En s'« obstinant » à parler français, l'ancienne métropole et capitale financière du Canada a, depuis le début du xxᵉ siècle, cédé son rang à Toronto, dans un océan anglophone. Mais elle a conservé, pour François Cardinal, son âme pure.

À l'urbanisme politique, géré « de haut », le journaliste préfère un urbanisme citoyen, une autre façon de penser le développement de la ville, fondé sur une gestion décentralisée des affaires municipales. Montréal aurait tout à gagner, selon lui, à renforcer le pouvoir des arrondissements – et pas celui de la municipalité – avec des projets qui émanent directement des quartiers. Quand elles sont mises en œuvre, ces initiatives locales offrent des résultats étonnants : tout récemment, on a vu fleurir au Plateau Mont-Royal une flotte de véhicules électriques en libre service, l'aménagement de ruelles vertes, ce réseau de passages retournés à l'usage des résidents, ou l'installation saisonnière de pianos publics. Les citoyens adorent.

L'arrondissement de Rosemont-La-Petite-Patrie a connu, ces dernières années, un rafraîchissement fulgurant, sous l'administration de son maire **François W. Croteau**. En six ans, celui-ci a quadruplé l'étendue des pistes cyclables (60 km), reverdi l'équivalent de six terrains de football, créé des toitures blanches pour diminuer les îlots de chaleur et instauré les parcomètres [parcmètres] et des vignettes de stationnement pour inciter les citoyens à utiliser les transports en commun. Une décision qui est loin de faire l'unanimité au pays de l'automobile ! Certaines réactions d'usagers ont parfois été virulentes envers le maire d'arrondissement et ses mesures drastiques. « Je vois bien plus de résistance à laisser son auto et prendre l'autobus ou le métro à Montréal que dans des grandes cités américaines comme New York ou Tucson », constate François W. Croteau, qui se déplace 365 jours de l'année à vélo.

À cet égard, le dernier plan d'urbanisme, lancé en 2004, n'est guère ambitieux, et tout aussi peu adapté aux défis futurs : « À Rome ou à New York, on peut faire tout à pied ou en transport collectif ; toujours pas à Montréal », déplore le maire d'arrondissement. Incapable de séduire des citoyens déjà accablés par l'augmentation des prix de l'immobilier, il n'a fait qu'accélérer le flux inexorable vers les banlieues. Bon an mal an, environ 20 000 personnes fuient la métropole pour les municipalités environnantes. Pour la qualité de la vie, sans doute, mais aussi à cause du manque de logement privatifs disponibles en ville. « Il faut instaurer un équilibre entre logements sociaux et privés, insiste François W. Croteau. C'est à ce prix que Montréal pourra conserver son titre de métropole. »

Pour François W. Croteau et le parti qu'il représente, Projet Montréal, il importe de réduire les facteurs agressants, d'augmenter le verdissement, d'étendre le réseau du métro – ridiculement petit pour une ville comme Montréal – voire de réinstaurer le tramway, cher mais efficace et non polluant. Ainsi, Toronto n'a pas hésité à adopter ce mode de transport collectif. « Nous, Québécois, avons peur des projets pharaoniques ; ici, c'est mal vu de voir trop grand ! » dit-il. Il est vrai que le stade olympique et l'aéroport de Mirabel – deux réalisations colossales – se sont révélés de cruels ratages financiers difficiles à oublier.

Rendre Montréal aux Montréalais, ainsi pourrait se résumer le grand axe de Projet Montréal, qui se définit plus comme un mouvement citoyen que comme un parti politique. La chose a pourtant été appliquée avec succès à New York, la plus grande ville des États-Unis : « Ces derniers quatre ans, elle a été aménagée pour donner envie aux gens de se déplacer autrement qu'en auto. Si on l'a fait là-bas, on peut le faire ici ! » croit le maire d'arrondissement. Certes, il fait plus froid à Montréal :

attendre l'autobus par moins 25 degrés n'est guère plaisant. Ce à quoi il rétorque : « Là encore, des solutions existent pour rendre l'expérience plus confortable, il faut juste les appliquer ! » On a bien muni toute une rue commerçante (rue Saint-Hubert) de chauffage en hauteur : pourquoi pas des abris d'autobus ? ∎

BÂTIR UN QUARTIER SUR DES VALEURS : L'HISTOIRE DU TECHNOPÔLE ANGUS

BÂTIR UN QUARTIER SUR DES VALEURS : L'HISTOIRE DU TECHNOPÔLE ANGUS Miser sur le développement durable. Construire du neuf sur du vieux. Inventer l'intégration communautaire sur un site mono-industriel du début du XXe siècle. Voilà les bases du quartier Technopôle Angus, la conversion de plus de 500 000 m^2 qui conjugue milieu de vie et milieu de travail, dans les anciennes usines ferroviaires de Canadian Pacific (les Shops Angus). L'architecture du bâtiment principal reflète l'intégration du moderne dans le rustique : on a conservé la structure imposante en briques rouges, mais on l'a rafraîchie avec des matériaux contemporains : acier et vitre. Ce quartier intégré se fonde surtout sur une approche sociale visionnaire, un modèle de développement urbain inédit. On pourrait le croire né en Scandinavie ; il a bien vu le jour au Québec. Malheureusement il reste un cas unique en son genre à Montréal.

Au début du XXe siècle, Canadian Pacific Railways est à son apogée : la compagnie possède 68 grands bâtiments sur un million de mètres carrés et emploie 12 000 travailleurs dans l'est de Montréal, le berceau de l'industrie canadienne. La crise économique qui survient en 1974 force l'entreprise à fermer la moitié de son site d'exploitation pour le vendre à un promoteur qui en fera un gigantesque centre d'achat. Ce projet suscite une levée de bouclier des petits commerçants locaux, qui s'allient avec des citoyens désespérant de trouver enfin un logement sur l'île de Montréal. L'heure n'est pas au dialogue social sous l'administration du maire Jean Drapeau. Mais le Parti québécois accède au pouvoir quelques années plus tard et rachète cette parcelle de 500 000 m², qu'il dédie à un projet d'habitation. La toute première alliance entre citoyens et commerçants vient de remporter une victoire retentissante.

L'idée, c'est de rendre ces logements accessibles aux citoyens peu fortunés : on confie le projet à la Société populaire d'habitation et non à des promoteurs privés. Sur 3 200 unités d'habitation construites, près de la moitié sont des coopératives d'habitation, gérées et entretenues par leurs occupants. La réappropriation de l'espace industriel par les citoyens résonne comme le succès d'un vaste projet communautaire.

Dans les années 1990, quand le marché de l'industrie s'effondre, Canadian Pacific ne fait pas exception. Les quartiers ouvriers se transforment peu à peu en quartiers de chômeurs et d'assistés sociaux. Le gouvernement est désemparé ; aucune mesure ne parvient à ralentir l'effondrement socioéconomique de Montréal. Une nouvelle génération d'acteurs sociaux idéalistes veut alors étendre son action dans le champ économique. Nés dans le courant des revendications sociales et communautaires des années 1960, ceux-ci se lancent dans une ardente bataille qui durera des années. Et qui aboutira au Technopôle Angus d'aujourd'hui.

« On était jeunes, certains étaient étudiants comme moi, on fourmillait d'idées, mais on n'avait aucune expérience en affaires et encore moins d'argent ! Les agences de développement économique nous regardaient de haut », se souvient **Christian Yaccarini**, qui préside depuis ses débuts la Société de développement Angus, une entreprise d'économie sociale créée en 1995.

Certes, il fallait être bigrement intrépide pour négocier avec le géant industriel Canadian Pacific sur la base d'arguments comme « logements pour tous » et « autogestion ». La seconde moitié de cet espace devient l'enjeu des promoteurs. Mais, dans le quartier, c'est le consensus : on ne veut pas de logements hauts de gamme et on a surtout besoin d'emplois. Le groupe de militants fonde un organisme de développement économique communautaire, la cedec Rosemont-La-Petite-Patrie, et fait à Canadian Pacific une proposition tellement audacieuse que l'entreprise ne peut refuser, convaincue de récupérer ses biens quand ce projet fou aura sombré aux oubliettes. Elle cède le terrain pour un dollar symbolique et prête deux millions de dollars à la cedec pour développer l'espace en sièges d'entreprise et en logements, à parts égales. La cedec applique le même procédé auprès des deux niveaux de gouvernement, provincial et fédéral, et récolte 40 millions de dollars pour développer le projet. Cet habile transfert de fonds garantis lui fait amasser 100 millions de dollars grâce à d'autres prêts consentis par de nouveaux partenaires. Les jeunes idéalistes ont vite appris les règles de « la business ».

Mais derrière ces stratégies financières, la vision demeure : miser sur la mixité sociale, la fusion entre lieu d'habitation et emploi, et imposer cette diversité au sein même des types d'entreprises qui s'installent au Technopôle Angus : start-up, multimédias, entreprises d'économie sociale, boulangeries artisanales, associations, centres d'adaptation, sièges sociaux d'entreprises commerciales, etc. On se donne même le droit de refuser certains entrepreneurs qui se disent ouvertement racistes ou d'autres qui cherchent à se faire racheter rapidement. « Ça n'entre pas dans nos valeurs ; nous tenons à la pérennité des entreprises pour avoir des emplois durables », martèle Christian Yaccarini.

L'histoire du Technopôle Angus, c'est celle de l'innovation qui s'esquisse à un moment où tout est à réinventer. Les vieux modèles économiques ont échoué ; il faut en finir avec les regroupements uni-sectoriels des parcs industriels, trop vulnérables aux moindres fluctuations boursières. Il faut aussi appliquer une valeur fondatrice du Technopôle Angus : l'écologie. Les entreprises logent dans le tout premier bâtiment industriel écologique du Canada – conçu à l'époque où la norme Leed (certification destinée aux habitations écologiques) n'existe pas encore. « Nous avons réussi à le construire selon les contraintes de la norme Leed sans en augmenter le prix, juste en cherchant des solutions de rechange », explique-t-il. Quand l'astuce est plus payante que l'argent pour réinventer l'avenir… ∎

LES FESTIVALS SONT DANS L'ADN DES MONTRÉALAIS

De la scène extérieure TD s'échappent les harmoniques tonitruantes d'un quintet de cuivres. À l'avant, l'enfant prodige du jazz, le Britannique Jamie Cullum, embrase la foule avec sa voix de crooner et son piano *groovy*. L'euphorie gagne les milliers de spectateurs : quelques mois plus tôt, ils auraient donné cher pour voir le spectacle à guichet fermé, en salle montréalaise. Ce soir, le concert en plein air est gratuit. Le public reprend d'une seule voix : « *It's just the same things !* »

Bienvenue au Festival international de jazz, le fleuron des rassemblements du genre dans la métropole. Près de deux millions de spectateurs se pressent, chaque année, devant les scènes extérieures ou en salle pour assister au show de l'un de ses nombreux artistes invités. La programmation n'a jamais déçu son public depuis près de quarante ans. Il a vu passer les plus grands noms de la scène locale et internationale – Stéphane Grappelli, Aretha Franklin, Oscar Peterson, Herbie Hancock, Pat Metheny – pour ne citer qu'eux.

Chaque été, la métropole entre en transe en enchaînant les festivals en tous genres : Juste pour rire (près de deux millions de spectateurs et 300 000 billets en salle, 4 000 artistes venant de 25 pays), les Francofolies (110 000 spectateurs), Vue d'Afrique, Montréal baroque ou Montréal complètement cirque. Ce sont presque cinq millions de spectateurs qui convergent chaque année vers l'un des 40 festivals : un record en Amérique du Nord.

La culture de rue est bel et bien dans l'ADN de Montréal, surtout depuis qu'a été complété son Quartier des spectacles, au centre-ville, un kilomètre carré consacré à la culture dans un quadrilatère formé autour de l'artère principale, la rue Sainte-Catherine : la rue du Red Light et des cabarets de music-hall qui y prospéraient pendant la prohibition américaine. Aujourd'hui, la culture s'affiche à ciel ouvert et sous toutes ses déclinaisons : musique, théâtre, danse, cinéma, arts visuels, cirque, humour. « Ce projet est né de l'envie de consacrer ce territoire à la culture en général et aux arts vivants en particulier », explique **Jacques Primeau**, célèbre producteur et agent d'artistes, qui préside aujourd'hui le Partenariat du Quartier des spectacles, chargé de promouvoir l'offre culturelle à l'année, mais aussi de pérenniser les festivals. Le Partenariat, c'est 80 lieux de diffusion culturelle, 450 entreprises affiliées, 30 salles de spectacle et 28 000 sièges. Des chiffres vertigineux.

Il manifeste aussi un goût marqué pour la diversité, contrairement à ses voisines plus imposantes – New York ou Toronto notamment. À New York, Broadway cultive la comédie musicale, Toronto, les musées ou le cinéma. Montréal fait feu de tout bois. Aux dires du Global Cultural District, l'association qui regroupe une vingtaine de villes festivalières, Montréal fait figure de modèle.

« Ce qui est unique ici, c'est que sur un même territoire on trouve une incroyable diversité de manifestations culturelles qui rassemblent un public élargi, aussi bien populaire qu'élitiste », explique Jacques Primeau. Et même si chaque festival offre une programmation tarifée en salle, une grande proportion des spectacles est gratuite, un autre parti pris des acteurs culturels locaux. L'antre de la culture montréalaise n'a d'ailleurs pas fini de se développer : le Quartier, qui rassemble déjà trois théâtres d'importance – le Théâtre du Nouveau Monde, le Théâtre Jean-Duceppe et le Monument national –, doit aussi accueillir la Maison de la danse et l'Office national du film relocalisé. Et la liste n'a pas fini de s'allonger : on dit que de nombreux projets top secret sont en cours...

En s'imposant comme ville festivalière en Amérique du Nord, Montréal a innové avec un art de la scène dont les Québécois sont passés maîtres, et avec des dispositifs d'aménagement souterrains adaptés aux besoins des scènes extérieures. Car celles-ci ne cessent de se monter et se démonter à un rythme effréné tout au long de l'été.

Les Montréalais y ont leurs habitudes ; avec l'arrivée des beaux jours, en mai, l'envie de sortir est puissante après des mois à s'encabaner. Les festivals donnent l'occasion qu'il faut pour faire la fête dans une ambiance décontractée. « On peut être 20 000 personnes dans les rues, un verre de bière à la main, il n'y a jamais d'incident. Les Québécois sont des gens pacifiques », fait remarquer Jacques Primeau.

Dans le proche voisinage, d'autres festivals profitent du pouvoir d'attraction du Quartier des spectacles, comme Mural, le tout récent Festival international d'art public, qui utilise les façades et le mobilier urbain comme support à l'art graphique. Le boulevard Saint-Laurent et ses rues avoisinantes deviennent alors une galerie d'art à ciel ouvert, mise en valeur par les plus grands noms de l'art graphique contemporain. « Montréal a une forte tradition graphique et ce festival permet de la démocratiser auprès d'un large public », explique André Bathalon, cofondateur de Mural. Les œuvres réalisées pendant l'événement sont vues par un million et demi de personnes.

Les Québécois aiment tellement les festivals que ceux-ci perdurent depuis plusieurs années bien au-delà de la saison estivale. L'un des plus remarquables est sans contredit Montréal en lumière, qui fait sortir les citoyens en pleine froidure de février pour redécouvrir leur ville avec un show de lumières en extérieur, une expérience gastronomique originale ou une « Nuit blanche », un réseau de cinq parcours culturels thématiques à emprunter à pied. On dit que les Québécois n'aiment pas l'hiver ; ils sont tout de même plus d'un million à confluer dans les rues du centre-ville à cette occasion !

Ce grand déploiement de la culture de rue relève aussi d'une vision urbanistique payante : « La chambre de commerce de Montréal a évalué à un milliard de dollars les retombées économiques du Quartier des spectacles après sept années d'opération », déclare Jacques Primeau. Et c'est dans l'un des shows du quadrilatère que se vend un billet de spectacle sur quatre au Québec ! Alors qu'il y a tout juste dix ans ce secteur était moribond – restaurants fermés, squats, commerces illicites –, on trouve désormais une trentaine de restaurants ouverts à l'année et 7 000 logements ont été ajoutés dans les derniers sept ans. La preuve que le divertissement rapporte. ■

L'ENTREPRENARIAT CRÉATIF
À dix mètres au-dessus du sol, assises sur des chaises roses suspendues dans le vide, quatre personnes s'apprêtent à se lancer dans un remue-méninges hors norme. D'autres font du rappel sur des échafaudages, tandis qu'une poignée d'hommes et de femmes s'immergent, les yeux bandés, dans une piscine à balles transparentes. Dans ce décor surréel d'un kilomètre carré, électrisé par un jeu de lumières stupéfiant, se multiplient débats, conférences et face-à-face. Le happening de quelques artistes farfelus ?

Du tout : le rendez-vous de chefs d'entreprise, et pas des moindres. Bienvenue dans le Brainstorming expérimental de C2 Montréal, la conférence d'affaires réputée « la plus innovante au monde » et baptisée « le Davos de la créativité » par *Le Nouvel Obs* ! Depuis cinq ans, C2 (pour Commerce + Créativité) accueille 5 000 participants issus de 45 pays, pour trois jours annuels consacrés à brasser des affaires autrement. « En 2014, l'événement a généré des retombées de 100 millions de dollars, explique **Chloé Langevin**, vice-présidente Partenariats, chez C2. Une entreprise sur quatre a signé un contrat sur place. »

Mais d'où vient cet étonnant sens du spectacle ? La conférence est le produit de deux PDG un peu plus créatifs que la moyenne : Jean-François Bouchard (fondateur de l'agence de contenu Sid Lee, présente aussi à Paris et New York, entre autres) et Daniel Lamarre (le PDG du Cirque du Soleil). En 2011, au plus fort de la crise économique qui secoue les marchés internationaux, les deux hommes imaginent une nouvelle manière de rassembler les acteurs économiques du monde et d'amener Montréal à faire rayonner sa créativité sur la scène internationale. Fini le Palais des congrès, les conférences statiques et les PowerPoint façon années 1990 ! La manifestation prend place dans un immeuble postindustriel, l'Arsenal, une galerie d'art contemporain, et met littéralement « en scène » la nouvelle génération de gestionnaires, tous domaines confondus, dans une ambiance survoltée. L'idée, selon Chloé Langevin, est d'« ouvrir l'imaginaire pour favoriser l'instinct des leaders internationaux dans leurs développements d'affaires. »

En 2014 est annoncé durant la conférence le partenariat entre le Cirque du Soleil et le cinéaste James Cameron pour son film *Avatar 2*. L'année suivante, C2 organise une rencontre entre les représentants de Nollywood (l'industrie du cinéma nigérien) et les designers inspirés de Moment Factory, une célèbre agence montréalaise qui excelle mondialement dans les effets spéciaux.

Depuis quelques années Montréal se distingue nettement à l'international pour son talent dans le design, l'audiovisuel, le multimédia et les jeux vidéo. Et depuis qu'il n'est plus guère question d'indépendance au Québec, agences et multinationales s'implantent – ou reviennent s'implanter – dans la métropole, où les affaires se négocient « à l'américaine », avec un je-ne-sais-quoi d'innovant. Car c'est bien à Montréal que le géant français Ubisoft a ouvert sa toute première antenne étrangère en 1997. C'est ici aussi que les images stupéfiantes de *Jurassic Park* ou de *Star Wars* ont vu le jour grâce aux logiciels de modélisation et d'animation 3D de Softimage, l'entreprise montréalaise fondée en 1986 par Daniel Langlois.

À l'image de C2, le Startupfest de Montréal est un rendez-vous incontournable pour les jeunes entrepreneurs, les investisseurs et les mentors de la nouvelle entreprise. En 2016, 3 000 personnes et 200 entreprises s'y sont rassemblées : un record. L'événement, qui a lieu en plein air durant l'été, évoque plus un festival de musique électronique qu'un « salon de l'entreprenariat ». La moyenne d'âge des participants ne doit guère dépasser 35 ans !

« Depuis cinq ans, on observe une résurgence éblouissante de l'entreprenariat, s'enthousiasme Chloé Langevin, grâce à des figures de proue comme Hélène Desmarais, du centre d'entreprenariat et d'innovation de Montréal. » Ou avec d'autres incubateurs et accélérateurs de start-up comme la Maison Notman, FounderFuel ou Real Ventures. Pourtant, comparée au reste du Canada, la culture de l'entreprenariat est relativement récente dans le Montréal francophone ; c'est la nouvelle génération qui démontre plus d'audace et d'innovation en affaires, comme le révèle l'indice entrepreneurial québécois dévoilé en 2016 par la Caisse de dépôt et placement du Québec.

En 2009, la métropole s'est dotée d'un Quartier de l'innovation, dans le sud-ouest de l'île, qui affiche la plus grande concentration d'entreprises de technologies de l'information et du multimédia dans le pays. Cette effervescence est soutenue par des institutions comme l'École de technologie supérieure (ETS), l'université McGill (l'une des plus anciennes et des plus prestigieuses du Canada) et le Hub de créativité, qui canalise le développement économique, social et culturel autour d'idées nouvelles. « Nous sommes à la même place que la Silicon Valley il y a trente ans », affirme l'homme d'affaires Alexandre Taillefer, cité dans *Le Code Québec, les sept différences qui font de nous un peuple unique au monde* (2016).

Cette dynamique autour du numérique a incité la mairie de Montréal à lancer une réflexion en profondeur pour numériser, et donc optimiser, ses services aux citoyens. La stratégie « Montréal, ville intelligente et numérique », mise en place par

79

le maire Denis Coderre, s'impose comme une transformation radicale des forces vives de la métropole. « En 2050, 75 % de la population va se retrouver en milieu urbain, explique **Harout Chitilian**, le grand maître d'œuvre du projet. Montréal doit s'équiper pour répondre à la croissance de la population et à l'essor de l'économie du savoir qui se généralise. » À l'heure des réseaux sociaux et de l'information en continu, le citoyen doit pouvoir s'informer en direct sur le parcours du nettoyage des rues, le ramassage des déchets recyclables ou sur le taux de criminalité d'un quartier, par exemple. Tous les équipements municipaux sont désormais munis de GPS pour recueillir des données susceptibles de rendre les services publics plus efficaces. Un exemple parmi d'autres : l'application Info-Neige, qui indique le parcours des déneigeuses en temps réel, a été téléchargée 150 000 fois en quelques mois à peine ! Et ce, pour un coût de mise en œuvre de 25 000 dollars. Dans une ville où le déneigement force les résidents à déplacer leur véhicule, même en pleine nuit, cet outil répond à un besoin réel.

Les entrepreneurs sont invités à prendre leur place dans cette aventure avec InnoCité MTL, le premier « accélérateur d'entreprises en démarrage » canadien axé sur les services publics : stationnement, déplacement des personnes non voyantes, travaux et transports publics, etc.

Cette transformation globale, qui se poursuit en synergie avec la communauté – société civile, entreprises, universités et citoyens –, a reçu l'appui du gouvernement fédéral (213 millions de dollars) pour soutenir un vaste programme de recherches mené conjointement par l'université de Montréal et l'École polytechnique de Montréal. « Faites partie du changement », clame le bureau de la Ville intelligente et numérique, qui entend faire de Montréal un modèle du genre à l'échelle internationale. ∎

CHAPITRE IV

LE NORD : CONVOITISE AU-DELÀ DU 49ᵉ PARALLÈLE

ÉLOGE DE LA NORDICITÉ

Le Québec a les yeux rivés vers le sud, peut-être pour y puiser un peu de sa chaleur durant les mois d'hiver. Ou pour tourner le dos à ce Nord imposant qui occupe la moitié de sa superficie au-delà du 49ᵉ parallèle. Avec ses 840 000 km², la région administrative du Nord pourrait avaler d'une bouchée la France et l'ensemble de ses territoires outremer. Pourtant, seules 40 000 personnes y vivent, dont plus de la moitié des Autochtones (Cris, Innus, Naskapis et Inuits) au cœur de la taïga (forêt boréale) puis de la toundra (zone polaire).

Dans l'imaginaire collectif, le Nord fascine autant qu'il effraie. À l'évocation de son nom surgit une mythologie dont explorateurs et défricheurs sont les figures héroïques. Toute l'histoire coloniale s'y déploie : les premiers contacts avec les « grands espaces sauvages », les coureurs des bois qui partaient faire commerce avec les « Indiens » et, plus tard, les travailleurs d'« Hydro » (Hydro-Québec), les grands bâtisseurs de l'ère moderne.

S'il effraie, c'est par son caractère sauvage, ses longs hivers et l'hostilité à laquelle on l'associe. Or la caricature semble n'exister qu'à travers le regard des Québécois du Sud. C'est ce que soutient Louis-Edmond Hamelin, le père de la « nordicité », un concept qui réhabilite le Nord dans sa globalité : territoire, culture, société et histoire. Et qui tend à restaurer ce que les Inuits appellent le « Nuna » (de Nunavik et Nunavut), une perception du territoire qui englobe toutes ses dimensions holistiques.

À l'âge de 92 ans, ce géographe et linguiste (on lui attribue l'invention de 600 néologismes pour désigner le Nord dans un lexique propre) est toujours une immense source d'inspiration pour les nordistes dans l'âme. Son héritage est considérable puisqu'il a créé le Centre d'études nordiques (université Laval) en 1961, cherchant ainsi à doter la province de spécialistes à même de construire le Québec de demain. Un Québec fondé sur une vision « nordiste » qui rompe avec une approche strictement utilitariste du territoire. Car, pour l'homme engagé qu'il est, la nordicité est aussi et surtout un enjeu politique.

Si les Québécois du Sud ont parfois pointé leur regard vers le Nord, c'était pour son formidable potentiel d'enrichissement : forêts, mines, hydroélectricité. Ce regard perdure aujourd'hui avec le Plan Nord, le mégaprojet gouvernemental de développement économique de quelques régions du Québec (Côte-Nord, Saguenay-Lac-Saint-Jean, Abitibi-Témiscamingue), ainsi que du territoire cri Eeyou Istchee et du territoire inuit du Nunavik.

Héritier en ligne directe de Louis-Edmond Hamelin, qui disait que « la géographie s'apprend d'abord par les pieds », l'anthropologue **Serge Bouchard** a passé assez de temps sur ce territoire pour en comprendre l'essence. Il en a tiré une vaste collection de biographies, d'essais et de récits où filtre, à travers l'histoire et l'anthropologie, un vibrant élan poétique.

Depuis le concept de nordicité, inventé par Louis-Edmond Hamelin au début des années 1960, la vision des Québécois sur le Nord a-t-elle changé ?

Le Nord continue de nous échapper culturellement, il n'existe que dans une dimension caricaturale. C'est l'une de nos plus belles richesses et pas seulement d'un point de vue économique. C'est une richesse historique, un patrimoine avec des paysages et aussi des habitants. Rappelons-nous : le Québec est la seule province canadienne qui compte une zone arctique et une population inuite. Les trois quarts de notre province sont arctiques et subarctiques et nous l'ignorons totalement. Nous ne sommes pas familiers avec la Boréalie [zone toundrique] et son humanité. La preuve : le Québécois Joseph-Elzéar Bernier, qui a vécu dans le Grand Nord au tournant du xxe siècle [et mené douze expéditions en Arctique], est plus connu des Inuits que de nous, Québécois ! Notre relation à nous-mêmes est toujours amnésique.

Le Nord, ça vient avec un plan ! Maurice Duplessis [Premier ministre du Québec de 1936 à 1939 et de 1944 à 1959] avait le sien, avec les mines de la zone subarctique aux mains de capitaux étrangers. Les profits allaient ailleurs mais, au moins, les « petits Canadiens français » avaient des jobs ! Cela étant, une ville minière, on l'ouvre puis on la ferme ! Au début des années 1960 et de la Révolution tranquille, René Lévesque, alors ministre des Ressources naturelles, est l'un des très rares politiciens qui parcourent le Nord et visitent les Cris, les Innus et les Inuits. À son retour, il dit : « Je viens de faire un voyage en pays étranger ! » Il exige alors le remplacement des fonctionnaires fédéraux par des fonctionnaires provinciaux. L'Ungava devient le Nouveau-Québec et on se penche sur la condition des Autochtones, qu'il faut éduquer et soigner. Mais sans chercher à les connaître.

Devenus « maîtres chez eux », les Québécois ont donc pu commencer à exploiter les ressources du Nord ?

Effectivement, dans la foulée de la nationalisation de l'électricité et de la création de la société d'État Hydro-Québec, le gouvernement de Jean Lesage entre dans l'ère des grands travaux hydroélectriques, le fleuron de l'industrie québécoise. Fini la souveraineté canadienne sur l'Arctique ! Mais comment assurer sa domination quand tout le monde est au Sud et regarde seulement vers le sud ? En appliquant les lois de la géopolitique : quand on ne s'occupe pas de son territoire, on le perd ! C'était déjà vrai en l'an mil ; c'est encore vrai aujourd'hui. Alors on s'en occupe : Robert Bourrassa [Premier ministre du Québec, de 1970 à 1976 et de 1985 à 1994] voit l'hydroélectricité comme un atout pour que le Québec s'enrichisse. En 1971, quand les ouvriers travaillent sur ces chantiers, ils ignorent totalement qu'ils sont sur le territoire des Premières Nations, ils ne savent rien de la diversité culturelle. Les Indiens ne font pas partie du plan ! Pendant ce temps, le Premier ministre fédéral Pierre Elliott Trudeau proclame que le Canada est la plus belle démocratie au monde, la plus pacifiste, la plus multiculturelle. On lui rétorque sur la scène internationale : « Et vos Indiens ? Vous n'avez pas chez vous des individus qui ne sont pas citoyens canadiens ? » [Les membres des Premières Nations canadiennes n'ont pas les mêmes droits civiques et sont placés, encore aujourd'hui, sous tutelle financière par le ministère des Affaires autochtones.] Alors Trudeau sort son *Livre blanc* [titre officiel : *La Politique indienne du gouvernement du Canada, 1969*], qui consiste à annuler la loi sur les Indiens, à les incorporer dans la société québécoise et à leur imposer les décisions gouvernementales en matière d'exploitation économique de leurs terres.

C'est à ce moment que les Cris font *leur* Révolution tranquille : « On veut bien, mais où sont nos terres, quelles sont nos juridictions, quel est l'avenir de nos peuples ? » s'indignent-ils. Depuis, on discute des droits ancestraux des Premières Nations du Canada. Un face-à-face a lieu entre Québécois et Cris, qui aboutit à la convention de la Baie-James et du Nord québécois, en 1975 [traité signé entre le gouvernement du Québec, le gouvernement du Canada, Hydro-Québec, la

85

Société de développement de la Baie-James, les Cris et les Inuits, auxquels se joindront les Naskapis avec l'entente du Nord-Est québécois, en 1978].

Durant cette décennie, on découvre peu à peu le Nord avec les grands travaux hydroélectriques. Pas moins de 5 000 travailleurs vivent sur ces immenses chantiers, on construit des routes. On bûche la forêt boréale dès 1975 alors qu'on s'est toujours moqué de la petite épinette [conifère formant la forêt boréale]. Pour la première fois, la zone subarctique devient accessible. C'est le début de la chasse et de la pêche sportives, puis de la motoneige en territoire éloigné. En bref, on connaît le Nord parce qu'on y travaille ou qu'on s'y amuse.

Cette présence n'a donc pas pour autant réconcilié les Québécois avec le territoire nordique. Comment l'expliquez-vous ?

Nous avons l'obsession collective du Sud et de la chaleur. Ça fait vingt ans qu'on voit les annonces de Loto Québec avec un gars sous un palmier pour en faire la promotion. L'un des slogans les plus connus dit : « J'ai gagné 10 millions, de quoi laisser l'hiver derrière ! » On est huit millions qui sacreraient leur camp [déguerpiraient] au Sud si on gagnait à *la* loto ! Et, pourtant, le Nord, c'est un territoire d'une extraordinaire beauté… La taïga, c'est la plus grande forêt au monde, une couronne nordique sur la terre, et on en a une bonne portion chez nous. Et on ne la respecte pas. Dans nos publicités, la neige ça va quand c'est le *fun*, quand on fait du ski dans la poudreuse, quand c'est extrême. Le reste du temps, nous passons notre vie à détester l'hiver, comme l'expliquait Bernard Arcand dans son essai *Abolissons l'hiver !* en 1999. Quand j'étais enfant, on se gelait les oreilles en jouant dehors, mais on n'y pensait pas. Aujourd'hui, on passe notre temps à parler de froid extrême, de vortex, de refroidissement éolien… Ça n'aide pas à aimer le Nord.

Nous vivons en pleine crise identitaire. Il faut nous réconcilier avec notre patrimoine nordique, nos paysages, la poésie qui s'en dégage. Il faut nous reconnecter à la diversité culturelle du Nord et nous pencher sur les revendications territoriales de ses habitants. Ces gens-là aiment leurs épinettes et leurs rivières. J'aimerais qu'un politicien se lève un jour et dise : « On va s'occuper du Nord parce que c'est beau ! » Et que ça fasse partie de notre projet de société. ∎

AU CŒUR DE L'AUTOCHTONIE

De la berge, le rapide classe 3 ne semblait pas si impétueux. Mais dans ses remous, notre frêle canot vire soudain à gauche. J'exécute à la seconde les ordres de ma partenaire placée à l'arrière, mais l'embarcation subit une violente secousse qui finit par nous propulser cul par-dessus tête dans l'eau bouillonnante. Notre contredanse sur la rivière Broadback aura duré, somme toute, quelques mesures à peine.

Plus prudents, les jeunes Cris de Waswanipi ont contourné la section des rapides avec un portage tout en sagesse. Ils n'en sont qu'au début de leur aventure ; ils vont passer un mois à canoter sur cette rivière légendaire dont parents et grands-parents leur parlent depuis toujours. Alors risquer la baignade forcée dès les premiers jours, très peu pour eux.

Cette expédition n'est pas seulement, pour ces jeunes Cris, une tentative de renouer avec la rivière de leurs ancêtres ; c'est une manifestation pacifiste pour faire entendre leur revendication : « La forêt cernant la Broadback n'est pas à vendre et doit rester intacte. »

Au fil de ses 450 km, cette rivière draine de fabuleuses histoires et incarne aujourd'hui la lutte des communautés cries d'Oujé-Bougoumou, de Nemaska et de Waswanipi pour faire interdire la coupe des dernières forêts intactes qui la bordent. De cela dépend le maintien de leurs activités traditionnelles et la protection de l'habitat du caribou forestier, menacé de disparition à l'échelle du Canada.

Même si la coupe forestière est permise sur la majeure partie du territoire cri (84 %) depuis les accords successifs signés entre le gouvernement cri (Grand Conseil des Cris) et celui du Québec, le Grand Conseil réclame aujourd'hui la protection de ce secteur exceptionnel qui représente 10 % du territoire ancestral.

Ce bras de fer n'est qu'un exemple parmi d'autres. Le territoire est au cœur des débats qui divisent les membres des nations autochtones et les Québécois. « L'Autochtonie se définit dans son rapport au territoire, explique Daniel Chartier, de la chaire de recherche sur l'imaginaire du Nord, de l'hiver et de l'Arctique (université du Québec à Montréal). Se faire enlever une terre, c'est comme se faire enlever un bras. » Depuis 1973, les interminables négociations des droits territoriaux se discutent lors des jugements successifs de la Cour suprême canadienne.

Le territoire ancestral, le Nitassinan, comme l'appellent les Innus, et qu'on connaît si peu, si mal. Demandez aux Québécois le nom des onze nations autochtones du Québec : rares sont ceux qui pourront les énumérer ! Quant au Nunavik (zone du Nord québécois dont les Inuits sont les administrateurs) et le Nunavut (territoire fédéral du Nord canadien, le premier sous gouvernance autochtone), ils se perdent dans un flou géographique et culturel.

Le Peuple invisible, dont parle l'auteur-compositeur-interprète et documentariste Richard Desjardins dans son film réalisé en 2007 (avec Robert Monderie), l'est à plus d'un titre : parce qu'il est bien souvent retranché dans sa réserve, qu'on appelle ici pudiquement « communauté », et, surtout, parce qu'il représente pour beaucoup un mystère insondable.

Pourtant, à défaut d'être québécois, il habite bien le Québec. Il se dit Anishnabe, Attikamek, Naskapi, Micmac ou Malécite, Cri ou Mohawk… et se dit même parfois plus volontiers canadien que québécois. Dans les recensements de 2011, il représente 1,8 % des habitants du Québec (142 000 personnes environ). Mais tout ce qu'on sait de lui relève du manuel historique et de l'imaginaire réduit à quelques symboles : le tipi, le canot, les plumes.

C'est ce constat d'ignorance auquel arrivent **Mélanie Carrier** et **Olivier Higgins**, jeunes réalisateurs de grands chemins, au cours de leur voyage en Asie à vélo. De cette équipée naît leur film *Asiemut,* mais aussi leur désir de s'intéresser à *leurs* peuples autochtones, eux qui parcourent le monde, depuis des années, à la rencontre des minorités retranchées. Les Autochtones du Québec ? Connais pas ! De retour chez eux, les aventuriers enfourchent leur vélo pour un périple de 1 200 km sur la 138 (la plus ancienne route du Canada, qui longe, entre autres, la côte Nord), depuis Québec jusqu'à Natashquan.

« Dans les communautés, on entend parler innu, on ne comprend rien ; on a l'impression d'être au Tibet, mais on est bel et bien chez nous ! » résume Mélanie Carrier. À mesure que leur documentaire *Québékoisie* prend forme, se forge en eux, de rencontres en discussions, une réflexion sur l'identité : « Qu'est-ce qu'être québécois ? Qu'est-ce qu'être autochtone quand on sait que les emprunts n'ont cessé de se tisser entre les peuples au fil d'une longue coexistence ? » s'interroge Olivier Higgins, citant les thèses du philosophe canadien John Saul, auteur de *Mon pays métis* (2008). Entre nations autochtones elles-mêmes, on ne se reconnaît pas équitablement : « Ceux d'Essipit (près de Tadoussac) ne sont pas de vrais Indiens ! Les Hurons-Wendat de Wendake sont taxés d'"Indiens des villes". Les métis : sont pas comme nous autres… » Voilà qui n'arrange pas la question identitaire !

Pessamit, Essipit, Unamen Shipu : dans les communautés, on est déjà informé de l'arrivée imminente du couple grâce à la radio, le trait d'union des villages espacés.

Des voisins, des « amis d'amis » les ont pourtant mis en garde avant leur départ : « Attention, ça peut être dangereux dans les réserves ! » Mais chaque fois on les y attend, on les invite, on les interroge sur leur projet de film. À la manière des nomades, ils plantent leur tente dans les jardins de la réserve. Tout comme les coutumes et les outils de jadis, les questions et les rires s'échangent.

La consternation aussi. La communauté innue Uashat est enclavée dans la ville québécoise de Sept-Îles, mais doit être agrandie à cause de sa population en forte croissance. « Les citoyens de Sept-Îles parlent de dévaluation immobilière à cause de la proximité de leurs maisons avec celles des Autochtones. La solution envisagée est d'ériger une lisière forestière de 150 m entre les deux communautés. "La vieille histoire du mur de Berlin ou de la Palestine qui se répète", déplore Olivier Higgins.

Malgré tout, on commence à se parler de part et d'autre. Se parler, se reconnaître, c'est déjà l'amorce de la paix. Et parce qu'il faut bien passer à autre chose, on tente d'« oublier » l'assimilation forcée, le génocide culturel dans les pensionnats catholiques où le gouvernement canadien envoyait les enfants au début des années 1900, les réduisant à un numéro, sans racines, sans famille, sans traditions, pour « tuer l'Indien dans l'enfant ».

On entre peu à peu dans l'ère de la réconciliation avec l'annonce faite de la très attendue « Enquête nationale sur les femmes et les filles autochtones disparues et assassinées », menée par une commission indépendante au niveau national (on rapporte à ce jour un millier de disparues au Canada !). Et aussi avec la commission « Vérité et réconciliation », qui a remis son rapport en 2015, auquel le parti au pouvoir a promis de réagir. Car on ne peut bâtir le monde de demain sur le terreau des crimes impunis. Toutes nations confondues, des leaders entrent en action pour raviver l'espoir et la fierté autochtones, comme le chirurgien innu Stanley Vollant, qui poursuit depuis cinq ans une longue marche de 6 000 km à travers toutes les communautés du Québec, entraînant dans son sillage jeunes et moins jeunes des réserves.

Les mots des artistes autochtones en font écho ; des rappeurs comme Samian (Anishnabe), des rockeuses comme Elisapie Isaac (Inuite), ou encore les poétesses Joséphine Bacon et Natasha Kanapé Fontaine (Innues) portent la voix d'un peuple en pleine réappropriation identitaire : « Je veux apporter la lumière au monde et porter la parole de mes ancêtres qui sont morts pour nous faire vivre, pour que nous puissions faire vivre la terre, car sans la terre notre peuple se meurt, car sans nous le territoire n'est plus » (extrait du poème de Natasha Kanapé Fontaine, *Pour que nous puissions vivre*, 2016.) ∎

L'ÉPOPÉE MODERNE D'HYDRO-QUÉBEC

André Bolduc, c'est « monsieur hydroélectricité ». Le logo d'Hydro-Québec, l'un des symboles les plus remarquables de la conquête économique québécoise, est tatoué sur son cœur depuis plus de quarante ans. Il est l'auteur d'une bonne demi-douzaine de livres sur la société d'État, dont *Hydro-Québec : l'héritage d'un siècle d'électricité* (1989). Pour faire ses recherches, il visite « tout ce qui turbine au Québec », survole les barrages en hélicoptère, explore les moindres recoins des centrales, rencontre des travailleurs, du journalier au chef de chantier, « maître après Dieu », dit-il.

En 1963, le tout jeune diplômé vient de se faire recruter par Hydro-Québec comme économiste. Nous sommes à l'âge d'or du Québec Inc., qui soutient que l'économie québécoise doit être aux mains des entrepreneurs québécois et non plus à celles des Canadiens anglais. Un certain René Lévesque veut « affirmer la réussite des Québécois dans un domaine où on doute de leurs compétences ». Il y a déjà quelques centrales au Québec, comme Manic 5, sur la rivière Manicouagan (Côte-Nord), symbole d'une ère de prospérité naissante. Georges Dor en a fait une chanson mythique : *La Complainte de la Manic* : « Si tu savais comme on s'ennuie/À la Manic/Tu m'écrirais bien plus souvent/À la Manicouagan ». Gilles Vigneault s'en inspire pour écrire l'une de ses plus célèbres chansons : *Mon pays, c'est l'hiver*. Et en visite en 1965, le dessinateur Hergé croque son Tintin devant le barrage.

C'est vers la Baie-James que les regards se tournent six ans plus tard pour développer les ressources non aménagées du Nord sur un territoire aride et grand comme la moitié de la France. Montréal a alors besoin de cette énergie qui propulse les turbines à haut rendement. En une décennie, la consommation d'énergie passe du simple au double ! « On s'attèle à ce dossier, mais pas en vase clos, précise André Bolduc. Hydro fait appel à des ingénieurs français, italiens, allemands pour concevoir des lignes de transport capables de charrier des quantités phénoménales d'énergie sur des milliers de kilomètres. » Les États-Unis « nous regardaient un peu de haut, comme un petit peuple de Gaulois en train de s'agiter ! » se souvient André Bolduc non sans amusement. « Et puis eux et le reste du Canada misent déjà sur le charbon et le nucléaire. »

Cinquante ans plus tard, les innovations nées de ce mégaprojet s'imposent encore comme la norme sur les grands chantiers hydroélectriques des régions éloignées du Brésil ou de la Chine. Le petit peuple de Gaulois vient de se lancer dans le plus grand développement hydroélectrique du monde et inscrit son nom dans l'histoire. À l'évocation de ces années-là, les yeux d'André Bolduc se brouillent d'émotion et de fierté.

Fierté et… lucidité. « On a commencé ça tout croche [n'importe comment] ! On était pressés, on voulait aller de l'avant, si bien qu'on est arrivés sur le territoire des Cris avec notre équipement lourd, sans rien demander à personne », avoue André Bolduc. Rusés, les Cris vont chercher des appuis sur la scène internationale pour faire résonner leurs revendications. Robert Kennedy Junior s'en mêle, prend la défense des « pauvres Indiens du Québec » dans ce combat inégal contre le gouvernement québécois. S'ensuit une saga judiciaire qui aboutit en 1975 à la signature de la convention de la Baie-James et du Nord québécois, le tout premier traité moderne conclu, au Québec (et dans le monde !), entre Autochtones et Blancs.

L'ancien employé d'Hydro ne cache pas son admiration à l'égard des Cris : « Je ne connais pas un peuple sur la Terre qui ait parcouru tout ce chemin en restant sain d'esprit. J'ai côtoyé certains Cris qui avaient la stature de chefs d'État. Aujourd'hui, ils manient l'ordinateur, parlent deux ou trois langues et siègent à l'ONU. »

Les revendications des Cris forcent aussi le gouvernement à se soucier des répercussions écologiques des barrages sur le milieu naturel. Le sujet soulève déjà de sérieux questionnements chez certains scientifiques, notamment en ce qui concerne l'augmentation du taux de mercure dans les réservoirs. Des considérations d'autant plus importantes que le projet est colossal : 11 barrages sont prévus en deux phases sur un territoire de 200 000 km². La construction doit durer quarante ans et fournir 90 térawattheures : du jamais-vu.

Le Premier ministre Robert Bourassa, le plus fervent défenseur du projet, est critiqué de toutes parts : à l'étranger comme chez lui, où de nombreux ingénieurs remettent en cause sa réussite, notamment à cause de l'extrême longueur des lignes de transport. Mais en ce jour de 1979, à l'inauguration de LG2, premier de trois barrages prévus dans la phase 1 du complexe La Grande, l'immense cafétéria du chantier déborde de travailleurs. Quelque 400 journalistes sont venus du monde entier pour témoigner du savoir-faire de ce petit peuple de francophones d'Amérique du Nord. Robert Bourassa est invité à titre officieux – il a cédé son poste de Premier ministre à René Lévesque – et arrive seul dans la salle. C'est une ovation debout que lui réservent les travailleurs et les journalistes : « Je crois que les Québécois m'aiment encore », dit-il à André Bolduc, à ses côtés. Six années plus tard, Bourassa est réélu au poste de Premier ministre du Québec.

André Bolduc n'est pas seul à éprouver tant d'attachement et de fierté à l'égard du « projet du siècle ». Les employés qui œuvrent sur ces chantiers les partagent tout autant, eux qui passent plusieurs mois d'affilée en autarcie, comme le faisaient les travailleurs forestiers dans les camps de bûcherons. Mais la paye est bonne, l'entraide existe entre camarades, et que dire de la pêche au saumon ? Cette fierté est aussi dans le cœur des Québécois ; durant les deux semaines de congé annuel, on part en famille visiter les grands barrages et admirer le génie québécois. Un génie qui plus est écologiquement responsable car 84 % de l'énergie produite au Québec provient de ses centrales hydroélectriques. Parier sur l'énergie « propre » est une autre source de fierté des Québécois quand l'Ouest canadien et les États-Unis misent, eux, sur les énergies fossiles. ■

À QUI, LE NORD ?

Après la colossale réalisation hydroélectrique des années 1970, les Québécois sont en quête d'un nouveau projet porteur et innovant. Le Plan Nord est tout indiqué pour leur redonner confiance et leur offrir des opportunités d'emplois stables et payants en région. En 2014, le Premier ministre Philippe Couillard restaure le mégaprojet de développement économique du Nord québécois dans l'actualité politique. La fin de son discours inaugural, prononcé devant l'Assemblée nationale, résonne comme une profession de foi : « Nous exercerons un leadership au sein du Canada. Nous ferons entendre la voix du Québec. Nous ferons respecter nos champs de compétence. Nous défendrons le poids du Québec dans les institutions fédérales. Nous mènerons des discussions constructives sur des défis communs et visant notre prospérité commune. » Bref, le Québec veut s'enrichir en exploitant ses immenses ressources naturelles du Nord et entend bien le faire savoir au reste du pays.

C'est une véritable ruée vers l'or qui s'y prépare car ces ressources sont colossales. Fer, or, diamant, nickel, argent, cuivre, zinc, lithium, titane : presque tous les minerais convoités par les entreprises minières abondent au-delà du 49ᵉ parallèle. Et que dire de la forêt et des hydrocarbures ?

Le Plan Nord, c'est déjà une « vieille » histoire : dévoilé en grande pompe en 2011 par le Premier ministre d'alors, Jean Charest, il devient « Le Nord pour tous » pour le Parti québécois, au pouvoir dès l'année suivante. Mais on sent bien que le gouvernement de Pauline Marois n'en fait pas une priorité : ce dossier étant celui des libéraux, il est délicat pour elle de se l'approprier. Des mauvaises langues parlent même à ce moment-là de « Plan mort ».

Le voilà donc ressuscité après trois ans. Mais dans sa deuxième version, le projet économique a perdu quelques plumes au passage : les investissements publics prévus d'ici 2035 passent de 80 milliards de dollars sous Charest à 22 milliards (à elle seule, la construction de routes, d'aéroports et d'infrastructures est évaluée à plus d'un milliard de dollars). Les emplois anticipés sont tronqués de moitié, passant de 20 000, en 2011, à 10 000. Le gouvernement justifie cette cure d'amaigrissement par « la baisse du marché mondial des métaux ».

Cette version allégée du Plan Nord a toutefois gardé son élan original. Philippe Couillard le qualifie de « référence mondiale en développement nordique durable et responsable ». Une autre idée fixe du Québec : affirmer ses meilleures intentions, tant sur le plan environnemental que social, devant les observateurs internationaux.

Couillard l'assure : une partie des redevances minières (taxes aux entreprises) sera réinvestie dans les communautés autochtones, et les emplois iront en priorité aux travailleurs locaux. Une grande portion du territoire sera aussi protégée des activités industrielles. Mais cela en fait-il pour autant un projet de développement durable et responsable ?

« Sur le plan légal, c'est enchâssé dans la loi instituant la Société du Plan Nord ainsi que dans la Déclaration des partenaires ; donc, oui, c'est le cas, déclare **Suzann Méthot**, présidente du Comité d'examen des répercussions sur l'environnement et le milieu social (Comex), qui a coprésidé le comité développement durable lors de la rédaction du document officiel (elle dirigeait à ce moment-là l'antenne québécoise de l'organisme environnemental Initiative boréale canadienne). Les orientations ainsi que les engagements qui font du Plan Nord un plan "durable" s'articulent dans le contenu et dans la façon dont nous avons élaboré la Déclaration des partenaires, qui relève d'un projet intégrateur tenant compte des intérêts collectifs. »

Car cette Déclaration, qui fixe les objectifs du Plan Nord – et en dresse les limites – est le résultat d'un long processus participatif. À la toute première assemblée, en novembre 2009, ils sont 350 autour d'une même table, à Québec, pour entreprendre l'élaboration d'une stratégie qui va durer plus d'un an : membres du gouvernement, élus régionaux, entreprises minières, forestières, ONG, écologistes et membres des Premières Nations qui occupent le territoire concerné par le Plan Nord. Une première au Québec.

« Ce qui en fait surtout un projet de développement durable et responsable, c'est l'assurance que 50 % de ce territoire de 1,2 million de kilomètres carrés sera protégé progressivement d'ici 2035 de toute activité industrielle. De plus, l'autre moitié doit être soumise à des pratiques d'exploitation responsables. Sans cela, ce plan serait un projet de développement économique comme un autre », précise Suzann Méthot. Une mesure que les organismes environnementaux, qui participent aux discussions, revendiquent dès le début des débats. « Débats

97

houleux ! commente l'environnementaliste, avant de modérer :
Après quelques vives réactions, surtout de la part des minières,
on a réussi à instaurer un climat plus serein pour discuter des
intérêts réciproques. » Reste que les associations minières du
Québec déplorent de voir un si grand territoire échapper à
l'exploration.

Pendant ce temps, les écologistes ont le regard rivé sur ce
nouveau projet d'exploitation massive des ressources nordiques.
Coupes à blanc, dérivations de rivières ou mines à ciel ouvert :
le passé a déjà démontré les effets néfastes d'activités menées
sans vision à long terme et en dépit des réserves exprimées par
les groupes écologistes.

Ce Plan Nord naît bien dans un certain climat de suspicion.
Chacun défend bec et ongles sa part du gâteau. Les Autochtones veulent s'assurer que leur territoire ancestral ne cédera
pas entièrement à la convoitise de l'industrie minière : sans
traité conclu entre le gouvernement et les Premières Nations
(notamment des Innus et des Anishnabe), le plan d'affectation
territoriale se discute au cas par cas. Et les Autochtones déplorent d'être trop souvent exclus des politiques gouvernementales en matière d'exploitation des ressources naturelles. Cela
dit, le Plan Nord pourrait s'avérer pour eux un précieux outil
de négociation : en plus de créer des emplois payants pour les
jeunes des communautés, dont le taux de chômage excède
celui des Québécois (14 % contre 8 % en 2009, selon Statis-
tiques Canada), l'élaboration du Plan Nord pourrait faire avan-
cer, en parallèle, le dossier complexe des négociations
territoriales, croit Suzann Méthot.

Même en territoire conventionné (en vertu d'un traité avec le
gouvernement), comme au Nunavik et à Eeyou Istchee (Baie-
James), on se prépare à la mise en œuvre du Plan Nord à *sa* façon.

Les Inuits du Nunavik, notamment, ne tardent pas à réagir : dès 2010, alors qu'ils participent aux groupes de travail des partenaires, ils lancent leur propre Plan Nunavik, le *Parnasimautik*, en menant une consultation populaire dans les 14 villages pour identifier leurs besoins et leurs restrictions. Un plan stratégique voit le jour deux ans plus tard. « Une démarche sans précédent », affirment les administrateurs du gouvernement régional Kativik du Nunavik.

Au Nord, les travaux miniers trouvent un second souffle, comme en témoignent la construction de la méga-mine de diamant Renard, de la compagnie minière Stornoway, à 250 km de la communauté crie Mistissini, ou le projet colossal Arnaud, dans lequel le gouvernement a déjà injecté des millions de dollars par l'entremise d'Investissement Québec. Même si cette gigantesque mine à ciel ouvert ne fait pas l'unanimité à Sept-Îles, elle promet quantité de nouveaux emplois. Pourtant les Québécois accueillent de façon mitigée cette première phase de développement : la classe néolibérale y voit une source de profits nécessaires et urgents, et les régions dévitalisées se disent prêtes à mobiliser leurs forces d'attaque. Mais de nombreux groupes citoyens, soutenus par les partis d'opposition, déplorent que les deniers de l'État servent les intérêts des industriels plutôt que ceux des services à la personne. Les coupures budgétaires des deux dernières années ont sabré dans l'éducation, la santé, la culture et l'environnement.

Le Plan Nord est-il compatible avec le modèle social québécois ? L'avenir devrait le dire. ■

CHAPITRE V

UTANT DE FAÇONS
D'ÊTRE QUÉBÉCOIS...

I TINÉRAIRE D'UN ENFANT DE LA LOI 101

Afin de se différencier du multiculturalisme anglo-saxon pratiqué dans le reste de l'Amérique du Nord, René Levesque, chef du Parti québécois, institue en 1981 une politique de « convergence culturelle » intitulée *Autant de façons d'être québécois*, qui donnera naissance au concept d'interculturalisme. Entre ces deux idéologies – multiculturalisme et interculturalisme – certains immigrés sont ballottés, tel **Akos Verboczy**.

À l'âge de onze ans, il quitte sa Hongrie natale. Nous sommes en 1985 et le mur de Berlin n'est pas encore tombé. Sa mère, esthéticienne, n'a rien d'une dissidente fuyant un régime communiste oppressant. Elle veut seulement offrir un monde meilleur à ses enfants. « Quand elle voit les tarifs d'une épilation demi-jambe au Canada, elle n'hésite pas une seconde ! Moi, j'imagine l'Amérique canadienne comme un paradis sur terre, et avec du chauffage pour l'hiver. » Depuis, Akos Verboczy y a fait sa vie et s'est engagé politiquement. Il préside pendant neuf ans le comité des relations interculturelles à la Commission scolaire de Montréal. Puis, sous le gouvernement de Pauline Marois (2012-2014), du Parti québécois, il devient attaché politique auprès de la ministre de l'Immigration et des Communautés culturelles. Aujourd'hui il travaille comme consultant en relations publiques. Son histoire est à la fois universelle et particulière, comme les histoires de tous les exilés. Mais son point de vue mérite d'être entendu. Trente ans après son arrivée, Akos Verboczy raconte avec humour et sans langue de bois, dans un livre intitulé *Rhapsodie québécoise. Itinéraire d'un enfant de la loi 101* (2016), comment, « en chemin, il est devenu québécois. »

À votre arrivée à Montréal, vous vous retrouvez dans une école multiethnique du quartier Côte-des-Neiges, où l'enseignement en français est obligatoire. Cependant, la culture québécoise vous échappe, dites-vous...

L'école Iona se situait en plein quartier anglophone riche, mais aucun enfant du voisinage ne s'y rendait, leurs parents préférant les écoles chics et anglophones de Westmount, Côte-Saint-Luc ou Hampstead. La Charte de la langue française [communément appelé loi 101], en vigueur depuis 1977, a rendu obligatoire l'enseignement en français pour tous les immigrés. Sauf pour les enfants dont les parents sont allés à l'école anglaise et qui peuvent être scolarisés en anglais s'ils le souhaitent. L'école Iona était devenue francophone par obligation, dans un sens, car elle accueillait quantité d'élèves fraîchement débarqués. À quelques exceptions rarissimes, aucun jeune Québécois « de souche » ne la fréquentait. Ce n'était pas leur quartier, tout simplement.

Pendant longtemps, les « Québécois » furent pour moi avant tout les « madames » de la cafétéria, les secrétaires, les concierges... Bien sûr il y avait des profs « issus de la majorité » mais, là encore, ils formaient une minorité. Même notre directeur, d'origine grecque, ne parlait pas un mot de français ! La sortie à la cabane à sucre était la seule tradition québécoise inscrite au calendrier scolaire. Résultat : si l'enseignement se faisait bien en français, la langue d'usage était l'anglais, ou le « franglais ». Le réflexe des immigrants, c'est d'améliorer leur sort. Et le français était pour nous la langue des perdants. Choisir l'anglais, c'était choisir la voie du succès, celle du rêve américain.

Selon vous, le Québec est une province canadienne où se superposent deux modèles d'intégration concurrentiels

qui s'opposent dans leurs approches, leur finalité, leur vision. C'est-à-dire ?

Pour se différencier du multiculturalisme canadien, Gérard Bouchard et Fernand Dumont, des intellectuels québécois, « inventeront » la notion d'interculturalisme dans un ouvrage publié en 2011. L'objectif est de définir une politique d'intégration dans laquelle les immigrants pourraient conserver leur héritage culturel, mais seraient invités à converger également vers la culture majoritaire francophone, afin que se développe une culture publique commune. L'interculturalisme est étroitement associé au nationalisme québécois. Mais à l'école Iona, on nous incitait clairement à être fiers de nos différences. Nous étions face à deux modèles d'intégration : l'un présentant une société multiculturelle et multilingue, l'autre revendiquant une nation distincte avec une langue qui doit être commune. L'un cherche à imposer l'anglais par la force des choses, l'autre, le français par la loi. L'un voit les Québécois comme une minorité parmi d'autres, l'autre, comme une majorité historique. L'un a le Canada pour espace de référence, l'autre, le Québec. Entre les deux, l'immigrant est ballotté, à la recherche du plus offrant.

Contre toute attente, « n'étant ni québécois ni idiot », vous militez finalement pour le oui lors du deuxième référendum sur la souveraineté en 1995. Pourquoi ?

J'ai l'impression – parce que je maîtrisais plutôt bien le français – que c'est en présentant le Québec à de nouveaux immigrants que j'ai vraiment commencé à l'aimer et à l'adopter. Et que c'est par devoir de le défendre que je suis devenu souverainiste.

J'étais convaincu – et je le suis toujours – qu'on ne peut vivre en harmonie sur un même territoire sans partager les aspirations historiques de la société d'accueil. Et que l'immigrant, débarrassé du devoir de choisir sa loyauté, se sentirait mieux et serait avec le temps mieux accepté dans un Québec indépendant, libéré de sa schizophrénie identitaire. Ce qui était très atypique dans mon milieu où, normalement, on était contre la loi 101 et contre la souveraineté. Parizeau n'avait pas tout à fait tort, c'est vrai... [Le soir des résultats confirmant la victoire du non, le chef du camp du oui accuse, dans un discours qui a marqué les esprits, « l'argent et les votes ethniques » d'être responsables de la défaite, qui s'est jouée à quelques milliers de voix près]. Je considère que ce fut un tournant dans la politique québécoise et dans son rapport à l'immigration. Car, au lieu d'essayer de convaincre les immigrés de la pertinence et de la légitimité de l'indépendance du Québec, il les a stigmatisés. Et le fossé n'a cessé de se creuser entre « eux » et « nous ».

D'autant plus qu'au tournant du xxie siècle, le visage de l'immigration au Québec change...

À partir de 2002, la province connaît en effet un accroissement massif de l'immigration [passant de 35 000 à 55 000 environ, moyenne annuelle]. La volonté du gouvernement péquiste d'augmenter le ratio francophone entraîne l'arrivée de nombreux Maghrébins et Africains, ainsi que des populations du Moyen-Orient (à l'époque, on disait « Arabes », pas « musulmans »). Ceux-ci s'ajoutent aux Haïtiens, aux Sud-Américains, aux *boat people* vietnamiens et aux Européens arrivés surtout entre les années 1960 et 1980. On commence à parler de ces « immigrants-avec-des-revendications-religieuses-qui-ne-veulent-pas-s'intégrer ». Le débat s'enflamme : que peut-on accepter, que doit-on imposer ? C'est la crise des « accommodements raisonnables », puis celle gravitant autour de la Charte des valeurs, défendue par le Parti québécois. Mais assez vite les libéraux récupèrent le pouvoir. Traditionnellement, ces derniers sont liés au milieu des affaires, qui considère les immigrés avant tout comme une main-d'œuvre bon marché et comme des consommateurs. Dans cet esprit, les libéraux veulent augmenter les quotas d'immigration, encore et toujours. Mais avons-nous vraiment les moyens d'accueillir décemment tout le monde ? Le candidat à l'immigration pense que s'il remplit tous les critères, il trouvera automatiquement du travail, ce qui n'est pas vrai ! On crée des déceptions des deux côtés en faisant croire que l'immigration va régler tous les problèmes, politiques ou économiques. Ou démographiques, alors que, dans les faits, la courbe ne s'est toujours pas inversée.

Le débat est loin d'être clos. D'autant que Justin Trudeau remet à l'honneur l'idée du multiculturalisme canadien et la primauté des droits individuels sur les droits collectifs. Ce discours peut apparaître très séduisant, certes, mais il ne marche pas avec moi !

Vous affirmez avec fierté être « devenu québécois », mais vous avez l'impression que vos compatriotes n'estiment plus nécessaire de revendiquer leur identité...
Je suis de plus en plus inquiet sur le fait français [la francophonie] au Québec, alors que c'est sa principale spécificité. Au nom de la mondialisation et sous prétexte d'un marché économique concurrentiel où il faut faire sa place, on exhorte aujourd'hui les francophones à être bilingues. Cette exigence n'est à mon avis qu'une façon déguisée de permettre l'unilinguisme des anglophones. Ce discours me renvoie à ce que j'ai vécu dans ma jeunesse, c'est-à-dire au fait que l'anglais serait

la langue « cool », celle du commerce international et d'une culture libératrice, tandis que le français québécois serait réduit à un patois local incompréhensible, parlé par des milieux francophones fermés. Cela a pour conséquence que des milliers de « néo-Québécois », parfois de longue date, maîtrisent toujours très mal le français ; les nouveaux arrivants adultes ne voient pas toujours la nécessité de suivre des cours de francisation, pourtant gratuits.

Il me semble indispensable de définir plus clairement les attentes de la société d'accueil vis à-vis de tous ces gens-là. On ne peut pas d'un côté affirmer que le français est la langue officielle et offrir tous nos services gouvernementaux en anglais à des immigrants leur vie durant. Comme il est inutile d'exercer un contrôle sur la sélection des immigrants si on n'ose pas resserrer les critères et adapter leur nombre en fonction de nos moyens d'accueil. On n'invite pas des gens chez soi sans leur dire qui on est et sans partager ce qu'on a de mieux. Plus on encourage les immigrants à préserver leur culture, moins ceux-ci s'intègrent. À l'inverse, plus ils ressemblent à leurs nouveaux compatriotes, mieux ils se fondent dans le paysage. Si j'aime à me définir comme un « Hongrois-Québécois, judéo-chrétien, d'expression française, Est-Européen d'Amérique du Nord », j'affirme aussi que je suis chez moi au Québec et que la langue dans laquelle je vis, je travaille et je rêve est le français.

L'intégration est un processus complexe mais je suis convaincu que les immigrants ont en commun le désir de se sentir chez eux dans leur nouveau pays. Et, comme je le dis en conclusion de mon livre, peut-être qu'à force de dialoguer et de partager nos histoires, nous nous arrêterons enfin de nous demander « Tu viens d'où ? » pour nous demander plutôt « Où allons-nous ? » ■

107

DES ACCOMMODEMENTS PAS COMMODES

Épisode 1 : La crise des « accommodements raisonnables ». En 2006, un jeune sikh revendique le droit de porter à l'école le *kirpan*, un petit poignard traditionnel glissé dans une ceinture de toile. La direction de son établissement scolaire à Montréal estime que c'est une arme blanche, donc interdite, et non un symbole religieux, comme le soutient le jeune homme. Celui-ci s'appuie sur la Charte canadienne des droits et libertés, qui reconnaît le droit de pratiquer librement sa religion (le *kirpan* est autorisé dans les écoles de l'Ontario, de la Colombie-Britannique et de l'Alberta). Procès, emballement médiatique… Le jeune sikh obtient finalement, grâce au jugement de la Cour suprême du Canada qui renverse celui de la Cour d'appel du Québec, le droit de porter à l'école son *kirpan*, à condition que celui-ci soit placé à l'intérieur d'un petit sac cousu hermétiquement.

Cette même année, des juifs hassidiques du quartier d'Outremont, où ils vivent très nombreux, financent la pose de vitres givrées au centre sportif YMCA de l'avenue du Parc, afin que leurs enfants ne voient plus les femmes s'entraîner en tenue de sport (après bien des remous, les vitres givrées seront finalement remplacées par des vitres claires avec stores).

En 2007, le conseil municipal d'Hérouxville, tranquille bourgade de la région de la Mauricie, adopte un code de conduite pour les immigrants. Le document stipule notamment l'interdiction de lapider des femmes et de les brûler vives. (Signalons qu'aucun immigré ne vit dans le village…) Quelques mois plus tard, une piste de danse dans une cabane à sucre de Mont-Saint-Grégoire est convertie temporairement en lieu de prière par un groupe de musulmans.

Ces histoires, parmi tant d'autres, font grand bruit et entraînent la « crise des accommodements raisonnables ». Cette notion juridique canadienne consiste à aménager une norme pour éviter qu'une personne ne soit discriminée par son application stricte. La question qui enflamme le débat public est ainsi formulée : jusqu'où faut-il « raisonnablement accommoder » ? Là commence un imbroglio politique à la sauce québécoise, que nous explique **Guillaume Lamy**, sociologue et auteur de *Laïcité et valeurs québécoises. Les sources d'une controverse* (2015).

Épisode 2 : La commission Bouchard-Taylor. En 2007, le gouvernement libéral du Premier ministre Jean Charest instaure une commission de consultation sur les pratiques des accommodements raisonnables. Il nomme à sa tête un binôme composé de Gérard Bouchard, sociologue, souverainiste et chantre de l'interculturalisme, et de Charles Taylor, philosophe, fédéraliste et partisan du multiculturalisme. Jean Charest espère ainsi prévenir toute accusation de partialité. Mais il n'a pas prévu la suite... « Les deux présidents, qui sont des intellectuels et non des technocrates, décident d'élargir leur mandat, bien au-delà de la question des accommodements raisonnables », explique Guillaume Lamy. « Au lieu de mettre en place une commission avec des spécialistes qui élaborent des rapports en huis clos, ils préfèrent instaurer des audiences publiques portant sur l'intégration des immigrés, la laïcité, l'identité québécoise, la place de la religion ou de l'égalité homme-femme, partout au Québec ! »

Pendant plusieurs mois, la province vit au rythme de ces audiences publiques qui se tiennent dans 17 villes et font salle comble. Des milliers de citoyens viennent s'exprimer. Il y est dit parfois tout et n'importe quoi, mais l'exercice démocratique est unique et, selon le sociologue, il « dresse un état des lieux que peu de nations occidentales ont eu la chance de réaliser ».

La commission Bouchard-Taylor remet son rapport un an plus tard, en mai 2008. Celui-ci conclut qu'il n'y a pas vraiment de problème sur les accommodements raisonnables à proprement parler, mais qu'il existe un gros décalage entre la réalité et la perception qu'en a la population. Cependant, le débat a alimenté le vieux malaise identitaire des Québécois. Le rapport souligne clairement que la crise des accommodements ne reflète pas simplement l'attitude « déraisonnable » des minorités face à l'État laïque, mais qu'elle est aussi un signe de « protestation d'un groupe ethnoculturel majoritaire qui doute de sa propre identité ». La commission fait ensuite une trentaine de recommandations destinées à mieux protéger les immigrants contre la discrimination et sensibiliser les Québécois à la diversité culturelle. Elle réaffirme également les principes de la laïcité à la québécoise : neutralité de l'État, égalité des droits des citoyens, promotion du français comme langue commune et participation de tous dans les institutions publiques. L'une des rares applications qui s'ensuivra prendra la forme d'un « cours d'éthique religieuse », qui remplacera dorénavant le cours de catéchisme et le cours de morale.

Épisode 3 : Qu'est-ce qu'un pays laïc ? « L'affaire ne s'arrête pas là », poursuit Guillaume Lamy. « En effet, il faut bien comprendre que les Québécois ont un rapport très particulier avec la religion. Dans le monde anglo-saxon, celle-ci fait partie de la vie quotidienne et même de la vie politique. Pas au Québec, qui a rejeté massivement l'Église catholique dans les années 1960, après des siècles d'une emprise toute-puissante du clergé sur la société. Les Québécois ne veulent plus en entendre parler, en particulier les baby-boomers, qui ont connu l'époque des curés. Les plus jeunes, eux, s'en fichent, tout simplement. » La laïcité s'est instaurée progressivement, sans séparation officielle de l'Église et de l'État comme en France, mais elle s'est bel et bien imposée. Les hôpitaux et les écoles se sont déconfessionnalisés, l'union civile a remplacé le mariage à l'église et la pratique religieuse s'est progressivement éteinte. Parallèlement, l'égalité entre les hommes et les femmes est devenue l'une des principales valeurs de la société québécoise.

Et voilà que, soixante ans après la Révolution tranquille, des communautés remettent la religion sur le devant de la scène ! « La commission Bouchard-Taylor a donné raison à un camp, affirme le sociologue, celui de la famille libérale progressiste, favorable à une laïcité ouverte, dans le sens où elle n'est pas opposée à la présence de la religion dans l'espace public et les institutions. C'est une vision "à l'anglaise" qui signifie que l'individu, le citoyen, est libre tant qu'il ne nuit pas à la liberté de l'autre. » Face à cette conception d'une laïcité « ouverte », certains se mettent à en défendre une autre, plus « fermée ». Ou plus exactement, deux autres... D'un côté, on trouve les partisans d'une laïcité qui ne doit cependant pas toucher aux symboles religieux hérités de l'histoire, relevant d'un patrimoine culturel (comme le crucifix qui trône à l'Assemblée nationale à Québec et qui fait toujours l'objet de polémiques), et, de l'autre, ceux qui prônent une laïcité plus radicale, effaçant toute référence aux religions. « Comme en France, la laïcité a basculé ces dernières années pour devenir un instrument destiné à préserver la sécularisation de la société alors que, historiquement, elle servait au contraire à permettre à des minorités de pratiquer librement leur religion. » Mais ce n'est pas fini...

Épisode 4 : La Charte de la laïcité. De 2008 à 2012, pendant que les libéraux sont au pouvoir, le Parti québécois cherche à surfer lui aussi sur la vague. À son retour au pouvoir, en 2012, le PQ, avec Pauline Marois à sa tête, propose donc une réponse sous la forme, cette fois, d'une Charte de la laïcité, dont la définition officielle est la suivante : « Charte affirmant les valeurs de laïcité et de neutralité religieuse de l'État ainsi que d'égalité entre les femmes et les hommes, et encadrant les demandes d'accommodement. » La Charte veut lancer un signal clair aux immigrés : un, le Québec est francophone ; deux, il refuse l'orthodoxie religieuse quelle qu'elle soit, et veut interdire tout signe religieux dans les écoles et les institutions publiques.

Mais la charte s'avère incompatible avec celle des droits canadiens, que le Québec n'a d'ailleurs jamais signée. « Ce n'est pas un détail, c'est peut-être même un message encore plus essentiel que celui sur la laïcité, croit le jeune sociologue, une façon de dire une fois de plus que le moule canadien ne permet pas au Québec de faire ce qu'il veut… Mais cela n'a pas fonctionné. La Charte de la laïcité, devenue entre-temps la Charte des valeurs, a été élaborée par des baby-boomers qui ont vécu la Révolution tranquille. Les jeunes n'ont pas adhéré à ce discours, surtout les urbains, habitués à une grande mixité culturelle et pratiquant l'égalité entre les sexes. Ils ne voient pas la nécessité de faire une loi. De toutes façons, celle-ci n'a pas eu le temps d'être votée. À la suite de la dissolution par Pauline Marois de l'Assemblée nationale, dix-huit mois à peine après son arrivée au pouvoir, le PQ est défait et les libéraux reprennent la main. Adieu, Charte des valeurs…

Épisode 5 : Tout ce bruit pour rien ? Après des années de débats houleux, qu'est-ce qui a concrètement changé au

Québec ? « Pas grand-chose en fait, conclut Guillaume Lamy. Aucune forme d'interdiction de symboles religieux ne s'applique, malgré différents projets de loi concernant essentiellement le port du voile intégral dans les écoles et les services publics. Mais on a inversé l'ordre des valeurs québécoises : l'égalité homme-femme est désormais au-dessus de la liberté religieuse. Plus largement, on peut dire qu'au populisme traditionnel concernant l'économie [le fait que les Québécois se disent victimes de la politique économique imposée par le système fédérale] s'ajoute aujourd'hui un populisme qui parle de "nous" et d'"eux". Le débat sur la laïcité est bien la controverse de la décennie ici, sans aucun doute. Il a bouleversé le paysage politique québécois et ce n'est certainement pas terminé. » ∎

113

LE VOILE DE LA DISCORDE

« Il y a un peu moins de dix ans, à mon arrivée au Québec, quand je déclinais mon prénom, on me répondait souvent : "C'est joli. Ça vient d'où ?" Aujourd'hui, lorsque je dis que je viens du Maroc, on me demande si je suis musulmane. Puis si je suis pratiquante. J'ai même eu droit à de virulentes tirades sur le voile (que je ne porte pas). On me lance à la blague que je ne suis pas une "vraie musulmane" puisque je bois du vin. Et on me demande d'expliquer pourquoi "les musulmans immigrent ici s'ils ne veulent pas s'intégrer à la société québécoise". Une infirmière voilée me confiait qu'un patient s'inquiétait de la voir lui refuser de lui faire une prise de sang puisque "sa religion lui interdit de toucher les hommes." […] C'est ironique, parce qu'avant de venir vivre au Québec je n'avais même pas conscience d'être "musulmane", tellement la religion occupe peu de place dans ma vie. C'est à force de me l'entendre dire et répéter par un peuple sécularisé que je m'en suis rendu compte. J'avoue me crisper quand je vois une énième histoire de voile à la une des journaux. Et, surtout, je suis inquiète. Parce que, quand on ne trouve pas de travail et qu'on se sent rejeté par sa nouvelle patrie, on a tendance à se replier sur soi. » **Kenza Bennis** a écrit ces mots en 2008, dans un article intitulé « Ras-le-bol du voile ! ».

Kenza est journaliste, féministe et marocaine. Elle est arrivée à Montréal « le 15 septembre 1998 exactement ». Comme tous les immigrés, elle connaît par cœur cette date qui marque le début d'une nouvelle vie. Après des études en France, cette Casablancaise revient sur sa terre natale et y cofonde le magazine féministe *Femmes du Maroc*. Mais elle se sent en décalage avec une société inégalitaire, corrompue, conservatrice. Elle a besoin d'air… Elle tombe immédiatement amoureuse de Montréal. « J'y ai découvert la liberté d'être soi. Je viens d'un pays où tout est lourd. Ici, c'est léger. Et toujours avec un fond d'optimisme indestructible. »

Elle est rapidement embauchée à *Elle Québec*, s'adapte (difficilement) à l'hiver et s'intègre petit à petit dans son nouveau monde. Tout va de mieux en mieux jusqu'au… 11 septembre 2001. « Cinq ans plus tard, c'est la crise des accommodements raisonnables, puis le rapport Bouchard-Taylor, la Charte de la laïcité… Tout d'un coup, je découvre une face inconnue de ce pays. Je tombe de haut ! » Elle exprime son indignation dans la presse. Mais les choses ne cessent d'empirer.

La situation n'a pourtant que peu à voir avec ce qui a lieu, par exemple, en France ou en Belgique, pays au passé colonial. Les Maghrébins, qui arrivent nombreux au Québec à partir des années 2000, sont sélectionnés par le gouvernement provincial pour leurs diplômes et leur aptitude à parler français. Ils représentent généralement une élite, fuyant une situation économique et politique difficile. Malgré cela, ils peinent à trouver du travail ou, tout du moins, des postes adaptés à leur niveau de compétence. Les préjugés d'une partie de la population et l'obstruction qui leur est imposée par certains ordres professionnels les mettent en difficulté, alors même que le ministère de l'Immigration les recrute avec enthousiasme (notamment par le biais de missions organisées directement dans les pays concernés).

« J'ai vu l'islamophobie être construite de toutes pièces, raconte Kenza, le ton vibrant. Si je trouve légitime le débat sur la place de la religion dans la société et que je n'ai pas de problème avec l'affirmation de la laïcité, j'en ai un au contraire avec la manière dont ce débat sur la Charte des valeurs a été mené : à des fins purement électoralistes, selon moi. C'était une véritable diabolisation des musulmans qui, soi-disant, mettaient en péril la cohésion sociale et l'égalité homme-femme, l'un des piliers du Québec moderne. Le pays s'est vraiment divisé en deux ; il y a eu des mosquées vandalisées, des manifestations racistes. Honnêtement, je n'aurais jamais cru voir ça ici. À titre personnel, je me suis même demandée un moment si je n'allais pas quitter le Québec. »

C'est la question du voile musulman qui focalise toutes les attentions jusqu'aux dernières élections fédérales, à l'automne 2015. Certains bureaux de vote québécois ont vu arriver de drôles d'électeurs, portant sacs de patates, masques de clowns, cagoules et autres accessoires loufoques cachant leur visage. Une manière pour eux de protester contre le vote à visage couvert, permis depuis 2007 par une loi fédérale (le port du voile dans l'espace public est autorisé au Canada, mais il est interdit pour les élections provinciales au Québec). Le débat a phagocyté les élections fédérales alors que la question est marginale, selon Kenza. En mars 2016, le journaliste Jean-Benoît Nadeau révèle dans *L'Actualité*, le principal magazine d'information générale de la province, que, sur les 300 000 musulmans du Québec (représentant une centaine de communautés ethniques différentes), le nombre de femmes portant le foulard serait de 60 000 (soit environ 20 %), tandis qu'à peine 30 à 50 porteraient le niqab. Mais les esprits sont échauffés et les féministes québécoises se sont déjà emparées du sujet. « Le féminisme ici est très vivant, très intéressant et je m'y retrouve beaucoup, explique Kenza Bennis, mais pas sur la question du voile, considéré comme un symbole de soumission à l'homme, mais aussi du fondamentalisme et de l'islamisme. C'est bien sûr une simplification de l'image liée au stéréotype de la femme musulmane opprimée, représentée par les Afghanes ou les Saoudiennes. Mais peut-on définir "la femme musulmane" en la réduisant à ça ? Aujourd'hui, une femme porte le voile pour toutes sortes de raisons. Et puis il faut se calmer : Montréal, ce n'est quand même pas Kaboul ! » Et de rappeler que 40,8 % des Québécoises musulmanes de 25 à 44 ans ont un diplôme universitaire (baccalauréat et plus), contre 24,6 chez les Québécoises non musulmanes.

Depuis la crise des accommodements raisonnables, les féministes aussi sont divisées sur le sujet. D'un côté, il y a celles qui refusent catégoriquement le voile, comme l'essayiste d'origine algérienne Djemila Benhabib, auteure de *Ma vie à contre-Coran* et des *Soldats d'Allah. À l'assaut de l'Occident.* « Elles considèrent le voile comme un symbole d'oppression des femmes, de fondamentalisme ou d'islamisme, et veulent l'interdire dans la fonction publique, poursuit Kenza. Mais, de l'autre côté, certaines féministes préconisent au contraire d'accepter le voile afin d'éviter d'infliger aux femmes une double, voire une triple discrimination : celles du genre, de la race et de la religion. Entendons-nous : je suis pour la laïcité, mais une laïcité "ouverte" et non "fermée". Je ne trouve pas que la France, en l'occurrence, soit un modèle. » Kenza, mariée à un Québécois « pure laine » et mère d'une petite fille, a décidé de rester dans ce « pays » qu'elle aime tant. Mais elle demeure vigilante et écrit un essai sur… le voile. ∎

LES MAUDITS FRANÇAIS SONT-ILS DE RETOUR ?

« Saluuuut ! Tu vas bieeeen ? » Deux bises furtives sur les joues, les corps à distance raisonnable, loin du *hug* québécois, accolade habituelle en Amérique du Nord. Les filles portent du rouge à lèvres, même à 9 heures du matin, et les gars, des doudounes Canada Goose. En guise de petit déjeuner (qu'ils ont encore du mal à appeler simplement « déjeuner », comme le font les Québécois), ils prennent des espressos serrés, clope au bec, malgré l'interdiction récente de fumer sur les terrasses extérieures. Certains vont jusqu'à écraser leur cigarette nonchalamment sur le trottoir, véritable crime de lèse-majesté ici !

En dix ans, la population de Français au Québec a augmenté de plus de 70 % ! Sur les 100 000 qui vivent dans la métropole, presque un tiers a choisi de s'installer sur le Plateau, surnommé par certains la Petite France. Ce quartier de 8 km² est délimité à l'est par le parc Lafontaine, une sorte de Central Park montréalais et, à l'ouest, par le boulevard Saint-Laurent, frontière historique entre les « anglos » et les « francos ». Autrefois quartier populaire et ouvrier, célébré par le grand dramaturge québécois Michel Tremblay, notamment dans ses *Chroniques du Plateau Mont-Royal*, aujourd'hui peuplé de bobos, il est régulièrement classé dans le top 10 des quartiers les plus agréables à vivre de la planète. Et les Français l'adorent. Mais ils sont devenus trop nombreux et cela agace un peu, même si le seul vrai problème est celui de la hausse spectaculaire du prix de l'immobilier.

Une grande partie ne fait pourtant que passer et n'entend pas immigrer pour de bon. Ce sont les fameux « pvtistes », du nom de ce programme fédéral, le Permis vacances travail (PVT), qui permet, par tirage au sort, de vivre et travailler pendant deux ans au Canada. En tout, environ 30 000 Français débarquent chaque année au Québec pour des études, un contrat de travail temporaire ou comme résidents permanents. Serait-ce le retour des « maudits Français », ceux que moque gentiment l'auteure et interprète Linda Lemay ? « Quand ils arrivent chez nous,/Y s'prennent une tuque et un Kanuk/Se mettent à chercher des igloos/Finissent dans une cabane à sucre/Y tombent en amour sur le coup/Avec nos forêts et nos lacs/Et y s'mettent à parler comme nous/Apprennent à dire : Tabarnak ».

Un article paru en 2013 dans le quotidien gratuit *Métro*, intitulé « Guide pour éviter d'être un maudit Français », rappelle les nouveaux arrivants à l'ordre : ne pas se plaindre de l'hiver, ne pas draguer au travail, éviter de se comparer aux Québécois et... vivre ailleurs que sur le Plateau ! Le Français Fred Fresh, concepteur publicitaire et musicien, en a fait un clip hilarant en 2015, visionné sur YouTube à l'époque par plus de 100 000 personnes. « Y a trop de Français sul' Plateau ? » est une histoire de Français qui se moquent des Français qui habitent sur le Plateau. Car ce sont surtout les « vieux » immigrants qui s'arrogent l'idée originale de s'installer à

Montréal et la refusent aux petits nouveaux. Un phénomène d'auto-exclusion typiquement français !

« Ce qui est intéressant avec l'afflux des Français aujourd'hui, souligne **Louise Beaudoin**, fine connaisseuse des relations franco-québécoises, ex-ministre de la Culture et ancienne déléguée générale du Québec à Paris, c'est l'effet miroir ! C'est ici que les choses se passent maintenant, ici qu'il y a du travail (même si ce n'est pas si facile et que beaucoup sont déçus) et ici, surtout, que les jeunes Français trouvent une liberté d'action qui leur semble impossible chez eux. Quant aux jeunes Québécois, la France morose qu'ils observent depuis une dizaine d'années, celle de la manif contre le mariage pour tous, des grèves, du chômage et des attentats, ne les fait plus fantasmer. À l'exception peut-être des artistes, qui apprécient la reconnaissance qu'ils y trouvent, mais pour qui la mère-patrie représente d'abord un marché commercial. Nous, les baby-boomers, nous rêvions de la France. Aujourd'hui, c'est le Québec qui est devenu le nouvel Eldorado pour les jeunes Français. Tant mieux, ce sont en général d'excellents émigrants. Certes, une minorité de Québécois ne les aime pas mais, la plupart du temps, cela se passe bien. Au pire, il y a une sorte d'indifférence vis-à-vis des "cousins". Mais on garde toujours un fond de tendresse pour eux. Notre histoire commune a quand même été longue... Moi, je suis de la onzième génération de Québécois. Du côté de ma mère, mes ancêtres venaient de Chartres, et de l'île de Ré du côté de mon père... et j'ai épousé un Français de France ! »

Bientôt le printemps sera là, bref et intense, puis ce sera l'été sur le Plateau. Les Français iront pique-niquer au parc Lafontaine, bronzer à la piscine Laurier, gratuite pour les résidents, comme toutes les piscines municipales extérieures, prendre un

119

verre sur une terrasse de café, de plus en plus nombreuses, et acheter leur baguette multicéréales chez Les Copains d'abord. Ils ont largement contribué à remodeler le quartier et à le « franciser » dans son mode de vie. Les « anglos » se sont mis à le fréquenter, alors qu'il y a dix ans à peine ils n'y auraient jamais mis les pieds… Les Québécois francophones, eux, s'y sentent un peu isolés parfois. « Les Français sont toujours un peu agaçants, c'est vrai, à vous reprendre lorsque vous faites une faute de grammaire et à vous expliquer ce qu'est l'hiver, un comble quand même ! se moque Gérard, un "pure laine" qui vit sur la rue Rachel, mais au moins on a appris à mieux manger ! Et eux ont commencé à être plus cool à notre contact ! » Les Québécois de moins de 40 ans n'ont plus aucun complexe d'infériorité vis-à-vis des Français. « Ils se considèrent instruits, éduqués, très créatifs, à juste titre, confirme Louise Beaudoin. Et ils n'hésitent plus à dire aux Français qu'eux aussi ont un accent ! » ■

KIM THUY, OU L'IMMIGRATION HEUREUSE Deux copines sont encore attablées autour d'un petit déjeuner improvisé, dans la salle à manger de Kim. Elle, virevolte, rit, téléphone, grignote un bout de croissant, consulte son agenda, fait un mouvement de gymnastique, rit à nouveau, parle à nouveau, vite, dit au revoir à ses amies, et s'assoit enfin. Mais pour combien de temps ? **Kim Thuy** est une tornade. Elle a 47 ans mais son physique de Vietnamienne semble la prémunir contre l'âge. Un instant, on la croit candide, fragile, mais tout de suite après, elle éclate d'un rire presque tonitruant puis, dans la foulée, vous fait pleurer en vous racontant son histoire. Depuis la parution en 2009 de *Ru*, son premier roman, c'est devenu son « métier » : raconter des histoires. La sienne, ou celles qu'elle lui inspire.

Si Kim est si lumineuse, c'est qu'elle a connu aussi l'ombre et le drame. Celui des *boat people* fuyant le régime des Khmers rouges. « Le dénuement et l'exil ont été ma chance, dit-elle. Si j'étais restée à Saïgon, dans un cocon doré, je ne serais certainement pas celle que je suis aujourd'hui. » Elle se dit « écrivaine par accident » après avoir été successivement couturière, interprète, avocate, restauratrice et chroniqueuse culinaire. Elle est aujourd'hui publiée dans plus d'une vingtaine de pays, et récipiendaire de nombreux prix, au Québec comme en France. Kim savoure chaque instant de sa vie. Elle semble s'accrocher à la grande roue du destin en sachant qu'elle peut tomber à tout moment. « Dans le camp de réfugiés où nous sommes restés plusieurs mois avant d'être envoyés au Canada, j'ai vu une femme mourir à cause d'une noix de coco reçue sur la tête ! Après avoir survécu à tant de drames, elle finissait comme ça ! De quoi devenir fataliste, non ? »

Le téléphone sonne. C'est son père, qui habite avec sa mère la maison mitoyenne. Il lui demande s'il peut passer prendre quelque chose. Ses deux fils et son mari sont absents ce matin, mais la maison de Kim ne semble jamais déserte. Un joli bungalow avec jardin, dans une banlieue cossue et familiale de Montréal.

« Bon, je suis à vous. Vous me dites si je parle trop vite, hein ? » Kim s'assoit à nouveau. « Je suis arrivée au Québec le 27 mars 1979. J'avais dix ans. À peine débarqués, nous avons été mis dans un autocar à destination de Granby, une petite ville à 80 km de Montréal, surtout connue pour son très beau zoo. À Granby, il existait un programme très populaire qui s'intitulait "Adoptez un Chinois !". Pour les gens de là-bas, un Chinois ou un Vietnamien, c'était pareil... Nous étions

75 réfugiés, de tous les âges, complètement déboussolés. Après avoir passé plusieurs mois en Malaisie, dans un camp où il était très difficile de se laver, nous nous sentions comme des chiens abandonnés, pouilleux, sales, fatigués. Nous avions honte et pourtant… Quand nous sommes descendus du bus, les gens qui nous attendaient nous ont spontanément pris dans leurs bras ! En tant qu'Asiatiques, nous n'avions pas l'habitude des embrassades. Encore moins dans notre état ! Mais toute la ville était là pour nous accueillir. Toute la ville nous a souri et embrassés. On ressentait une empathie, une affection parfaitement pures, c'était magique ! J'avais dix ans et je ne me suis jamais sentie aussi belle. […] Il n'y avait aucune hypocrisie dans cet accueil, ils voulaient juste nous sauver, sincèrement. Et ça a marché : d'un coup, nous avons été guéris de tous nos malheurs. Pendant des années je croyais avoir été la seule à ressentir ça, jusqu'au jour où j'ai lu, dans un compte rendu de la commission Bouchard-Taylor, le témoignage d'une Vietnamienne exprimant sa gratitude aux Québécois. Elle était dans ce même autocar pour Granby. Nous avons été tellement aimés. Pas seulement adoptés, mais aimés ! Surtout en région, car nous n'étions pas nombreux. À Montréal, il existait déjà toute une communauté vietnamienne, c'était différent. »

À l'époque, une vraie politique d'accueil des *boat people* est mise en place. Soixante mille réfugiés vietnamiens arrivent au Canada. Entre 1979 et 1981, près de 13 000 s'installent au Québec. Aujourd'hui la communauté vietnamienne représente dans la province entre 35 000 à 40 000 personnes.

Une quarantaine d'années plus tard, l'histoire semble se répéter. À peine élu Premier ministre du Canada, Justin Trudeau annonce que le pays accueillera 25 000 réfugiés syriens. « Mais ce n'est pas tout à fait pareil, constate Kim, dépitée.

Nous, nous étions "les gentils qui fuyaient les méchants communistes". Vis-à-vis des Arabes et des musulmans, le discours est bien différent. C'est souvent un discours de haine, surtout dans les médias qui assimilent régulièrement "Arabes" et "terroristes", par exemple. Il y a beaucoup d'ignorance et beaucoup de mauvaises informations. C'est triste… »

Kim appartient à une famille aisée. Son père était un politicien cultivé, parlant le français comme l'anglais. Kim également, même si entre sept et dix ans elle ne pouvait plus fréquenter l'école française de Hô-Chi-Minh-Ville, interdite par le nouveau régime. « Quand je suis arrivée au Québec, la loi 101, qui donnait la primauté au français, venait d'être mise en place. Cela me convenait très bien car je voulais parler la langue du pays qui m'avait accueillie ! C'était un acte d'amour pour moi, pas une obligation. Même si j'avoue qu'au début le français du Québec était difficile pour moi… »

Depuis, Kim a appris à maîtriser cette langue, qu'elle écrit de manière très épurée. L'émotion, chez elle, ne vient jamais d'un trop-plein, mais toujours d'un mot juste qui vous bouleverse sans prévenir. Dans la vie, elle fait passer ses sentiments de façon tout aussi inattendue, avec un débit de mitraillette et un drôle d'accent québécois.

La vie passe, la famille s'installe et s'intègre. « Lors de la crise des accommodements raisonnables, j'ai trouvé qu'on créait des problèmes là où il n'y en avait pas. Mais, n'étant pas québécoise de souche, j'ai été écartée du débat. Pourtant je suis mariée à un Québécois "pure laine" et nous avons des enfants. Mais sont-ils québécois ? Et moi, que suis-je ? Une enfant de la loi 101, c'est sûr, mais je me sens comme une enfant adoptée ! Je me définis pourtant comme Québécoise, Canadienne et Vietnamienne. Avant, je ne mettais pas la mention "Canadienne" parce que je ne connaissais pas le reste du Canada. Mais grâce à mes romans qui sont traduits en anglais, j'ai eu l'occasion d'apprécier mes compatriotes anglophones. Je me sens fière de connaître au moins deux cultures, la vietnamienne et la québécoise. Si on ne connaît pas sa propre culture, on ne peut pas maîtriser celle des autres. C'est le problème des Québécois. Ils ne sont pas assez fiers d'eux-mêmes ! Parfois les gens de l'extérieur sont les mieux placés pour nous faire apprécier quelque chose, alors je prends la responsabilité, moi, de leur dire combien leur pays est beau et leur langue exceptionnelle. »

En 2015, le Canada institue le 30 avril comme journée du Parcours vers la liberté, pour commémorer l'arrivée des *boat people* et rendre aussi hommage à l'accueil que leur ont fait les Canadiens. ∎

CHAPITRE VI

LA SOUVERAINETÉ EN HÉRITAGE

LA « DÉMISSION TRANQUILLE » D'UN PEUPLE

« En politique, s'il y avait le parti du peut-être, il gagnerait toutes les élections ! On est les plus grands parleurs et les plus petits faiseurs », affirme Jean-Marc Léger, coauteur du *Code Québec, les sept différences qui font de nous un peuple unique au monde.*

Comme toutes les petites nations, « leur existence n'est pas pour elles une certitude qui va de soi », disait l'écrivain tchèque Milan Kundera. Longtemps la question de la souveraineté a donc été centrale dans le débat politique. Une soixantaine d'années après la Révolution tranquille, qu'en est-il du désir d'indépendance des Québécois ? Si le sujet revient régulièrement sur le devant de la scène, notamment dans les rangs du Parti québécois, porte-drapeau de la lutte indépendantiste, il fait cependant moins recette auprès des électeurs. Les Québécois, francophones et anglophones, s'affirment en effet plus que jamais fiers de leur « différence vitale », comme disait René Lévesque, mais semblent moins enclins à traduire cette spécificité politiquement.

Jacques Beauchemin, souverainiste, ancien sous-ministre du gouvernement péquiste de Pauline Marois, est sociologue et appartient à la génération des baby-boomers. Il a publié de nombreux articles et ouvrages portant sur les transformations de la question nationale québécoise dans le contexte de la mondialisation. En 2015 il publie *La Souveraineté en héritage*, dans lequel il analyse les raisons d'une « démission tranquille » du peuple québécois. Il estime que la fenêtre historique pour réaliser l'indépendance est en train de se refermer. Un constat que fait le sociologue mais que regrette le militant.

Vous dites que l'ambivalence concernant la souveraineté est le fondement de l'identité collective des Québécois. Pourquoi ?

Sans nier les effets réels et concrets de la domination anglaise sous toutes ses formes depuis deux siècles, il faut admettre que les Québécois connaissent aujourd'hui un confort relatif dans cette situation. Depuis la Révolution tranquille, le pays a profondément changé : il est plus éduqué, plus riche, plus moderne. N'oubliez pas que le salaire des Canadiens français, en 1960, était l'équivalent de celui des Afro-Américains à la même époque et à peine un peu plus élevé que celui des Amérindiens.

Les Québécois se demandent donc si le projet de l'indépendance est encore vraiment nécessaire. Est-ce que nous n'avons pas déjà tout conquis ? Malgré la persistance de nos élans d'enthousiasme, le ressassement permanent dans lequel nous sommes depuis cinquante ans nous épuise. La question qui va donc continuer de se poser, c'est : comment le Québec peut-il s'aménager la meilleure place possible dans l'espace canadien ? Ça va se régler comme ça. Car les Québécois sont fatigués de s'interroger sur leur avenir.

La Révolution tranquille aurait donc tellement émancipé le peuple québécois qu'il n'aurait plus guère besoin de son indépendance politique ?

La Révolution tranquille a été un moment de refondation identitaire au sens fort : c'est le Québec qui se réinvente littéralement, même si on a beaucoup exagéré en disant que c'était le passage d'un système quasiment archaïque à celui de la modernité. Nous vivions déjà selon un modèle capitalistique et démocratique, malgré le fait que la société était cléricalisée et conservatrice. On a exagéré la rupture, mais ce fut néanmoins une rupture. Quand, à ce moment-là, on passe du terme de « Canadiens français » à celui de « Québécois », ce n'est pas un effet esthétique mais bien une nouvelle représentation. Les Québécois s'affirment dorénavant comme une nation, avec un territoire, une culture, une langue spécifique, une capitale nationale, une Bibliothèque nationale, etc. Entre 1959 et 1965, le pays connaît des transformations fondamentales : la création d'un État modernisé, la mise en place d'une fonction publique compétente, des politiques sociales, la nationalisation d'Hydro-Québec, la création de la Caisse de dépôt et placement, sur le modèle français.

128

Le sommet est atteint avec l'Exposition universelle de 1967, organisée à Montréal. Imaginez : les Québécois étaient considérés comme des paysans arriérés et voilà que le monde entier vient les voir et leur renvoie leur propre modernité. Cette année-là, la reconquête de la fierté québécoise est spectaculaire !

Dans le même temps, le mouvement national se développe : la création du Parti québécois en 1968, la prise du pouvoir, en 1976, de René Lévesque, chef charismatique du PQ, qui prône ouvertement la souveraineté. Tout cela en moins de deux décennies ! En 1977, la loi 101 parachève la révolution. Dans un pays où, pour des raisons évidentes, le français a toujours été en péril, on adopte une loi qui non seulement le protège, mais le promeut comme seule langue officielle de la Nation ! C'est la loi la plus importante de l'histoire du xxᵉ siècle pour les Québécois. Mais, paradoxalement, tout cela a installé un genre de confort identitaire qui a délité la nécessité de la souveraineté.

La « démission tranquille », dites-vous, commence après l'échec du dernier référendum sur la souveraineté, en 1995. « Être maître chez nous », la revendication historique, prend alors un tour différent...

Au deuxième référendum, on a eu un vrai rendez-vous avec l'histoire, car, contrairement à celui de 1980, on était prêts et on y croyait vraiment. En 1995, c'est quand même 50/50 [l'écart entre le oui et le non a été de 54 288 voix] ! Finalement, le non l'emporte et, à partir de là, tout commence à se défaire. Le discours malheureux de Jacques Parizeau, le Premier ministre de l'époque, accusant notamment de la défaite les « votes ethniques », a commencé à diviser les Québécois. Il a instillé dans le mouvement souverainiste une mauvaise conscience, la question de savoir si le projet de l'indépendance était vraiment démocratique. Car, dans les années 1990, l'idéologie des droits de l'homme a pris beaucoup d'ampleur partout en Occident. C'est la célébration de l'ouverture à l'autre, celle de la diversité comme une richesse, du pluralisme comme horizon indépassable, en opposition, dans un sens, au droit des peuples à l'autodétermination. Au sein même des souverainistes, cette idéologie a frappé notre projet d'illégitimité, le réduisant parfois à un projet ethnique franco-québécois.

Les fédéralistes se sont bien sûr engouffrés dans la brèche. Or, s'il n'est pas question de refuser l'ouverture aux autres, la souveraineté passe nécessairement par l'affirmation de soi et de son identité. Il faut pouvoir dire « nous, les Québécois », et ne pas avoir peur de dire qu'un certain nombre de valeurs et de principes (essentiellement : le français, la laïcité, l'égalité homme-femme) sont à respecter partout dans le monde.

Honnêtement, les Québécois « de souche » ne sont quand même pas très exigeants vis-à-vis des nouveaux arrivants, du moment qu'ils respectent ces valeurs. Évidemment, il existe aussi des attitudes racistes et xénophobes. Si les attitudes racistes et xénophobes existent aussi, elles sont rares.

Cependant la question de l'immigration a remis l'identité nationale à l'ordre du jour dans le débat public.

Il ne faut jamais sous-estimer le réflexe minoritaire des Québécois. Leur expérience collective fait qu'ils ont vite l'impression d'être méprisés, envahis, considérés comme des citoyens de seconde zone et des prolétaires sans éducation. Même si les choses ont beaucoup changé, je reste certain que, dans le fond de notre imaginaire, certaines images subsistent. Rappelez-vous l'humiliation qu'a représentée, par exemple, le rapport Durham. Cet Anglais a publié en 1839 un rapport sur la situation dans le Bas-Canada dans lequel il affiche clairement son mépris pour les Canadiens français, qui ne méritaient à ses yeux que d'être totalement assimilés linguistiquement et culturellement. Alors, presque deux siècles plus tard, lorsque des immigrés donnent l'impression de ne pas vouloir s'adapter au pays qui les a accueillis, les Québécois ont tendance à penser : « Encore des étrangers qui viennent nous dire qu'on n'existe pas pour eux… » C'est vécu comme une blessure identitaire, comme un signe de mépris, un vrai crime de « lèse-identité » !

Le fait de ne pas être une nation souveraine exonère cependant les Québécois de bien des prises de position difficiles à assumer, assurez-vous.

Que ferait le Québec indépendant en matière de politique étrangère ? Est-ce qu'il enverrait des avions de chasse en Syrie ? Aurait-il une armée, d'ailleurs ? Les Québécois appuient systématiquement tous les peuples opprimés du monde. C'est très bien mais c'est facile quand on n'a pas d'engagements directs.

N'oublions pas que, pour les deux guerres mondiales, les Québécois ont refusé de s'engager (avant d'y aller finalement), disant que ce n'était pas leur guerre, mais celle des Anglais. Je ne les accuse pas, mais cette immaturité est propre aux peuples qui n'ont pas de décisions tragiques à prendre. Le jour où le Québec aura un siège à l'ONU, on verra que ce n'est pas si simple...

Ce qui fait dire à un certain nombre d'intellectuels et de politiques que le fédéralisme, justement, offre bien des avantages.

131

Le fédéraliste Charles Taylor, un intellectuel anglo-québécois [celui de la commission Bouchard-Taylor], est d'accord avec moi sur le fait que les Québécois ont une position ambivalente à l'égard de la souveraineté. Et il pense que le fédéralisme est la solution d'apaisement qui va résoudre cette ambiguïté. J'estime au contraire que notre mode conflictuel est notre mode d'intégration au Canada et qu'il nous garde en bonne santé ! Cela dit, les Canadiens anglais sont fatigués par notre attitude. Ils voudraient qu'on rentre dans le rang, et si possible en anglais, ce serait plus simple pour eux.

Si je crois que la fenêtre historique qui aurait permis l'indépendance est en train de se refermer, elle reste pour moi une nécessité, le destin naturel du Québec... C'est une vision romantique, certes, mais c'est le vieux rêve d'achèvement du parcours historique. Beaucoup de Québécois qui ne descendraient pourtant pas, ou plus, dans la rue pour défendre la souveraineté ont quand même l'impression, au fond d'eux, que ce serait un peu naturel. ∎

PAYS SE CHERCHE HÉROS

Au début des années 2000, les Québécois s'interrogent sur la pertinence de continuer à célébrer un personnage au nom savoureux : Dollard des Ormeaux. Ce Français, arrivé avec le sieur de Maisonneuve, est mort en 1660 avec seize compagnons face à une armée d'Iroquois. Depuis les années 1920, le souvenir de ces martyrs est célébré le lundi précédant le 25 mai. Mais un doute persiste : Dollard des Ormeaux est-il un héros mort afin de sauver la Nouvelle-France ou un vil contrebandier de fourrures malchanceux ? « Probablement un peu des deux, explique l'historien **Gilles Laporte**, mais sa mauvaise réputation ne repose cependant sur aucune preuve tangible. Reste qu'honorer un héros dont le principal mérite est d'avoir tué plein d'Indiens commençait à faire mauvaise impression… » Surtout auprès des autochtones qui, en 2001, protestent devant sa statue installée au parc Lafontaine, à Montréal.

Il faut donc trouver un remplaçant au pseudo-martyr. Lui-même, à l'époque, avait déjà servi de substitut à un autre personnage : la reine Victoria. Le Victoria Day, ou fête de la Reine en français, est en effet férié au Canada. Mais célébrer la souveraine britannique, c'est un peu trop demander aux Québécois. D'où la fête de Dollard célébrée le même jour… Alors, par qui le remplacer, lui ?

Gilles Laporte dirige le comité chargé officiellement de la mission. En 2003, adieu Dollard et vive les Patriotes ! La journée nationale des Patriotes rend hommage aux rebelles canadiens (la définition de l'époque du « Canadien » est celle des descendants des colons français établis dans la vallée du Saint-Laurent) qui, en 1837-1838, se sont courageusement battus pour la démocratie et la liberté d'expression, avant d'être massacrés, pendus ou exilés par les autorités coloniales anglaises. Le *Montreal Herald*, un journal de l'époque, avait alors exprimé brutalement l'opinion des conquérants du Bas-Canada : « Pour avoir la tranquillité, écrit-il, il faut que nous fassions la solitude ; balayons les Canadiens de la face de la Terre. » Voilà donc de vrais martyrs, sans aucune contestation possible.

« Dollard était issu d'une longue lignée de héros "inventés" au xixe siècle par le clergé catholique, rappelle Gilles Laporte. Il y avait alors deux sortes de figures : le Français de France et l'Indien farouche. Mais, petit à petit, ce panthéon de dévots convertisseurs d'Indiens – à qui ils refilaient au passage la vérole – et d'aventuriers plus ou moins fidèles à la couronne de France devint obsolète. »

Dans un essai paru en 1999, *La Nation québécoise au futur et au passé*, l'historien et sociologue Gérard Bouchard (qui dirigera plus tard la commission Bouchard-Taylor) propose une « reconstruction de la mémoire collective et des mythes fondateurs ». Mais passer des héros des origines aux héros de la modernité n'est pas si simple. « Il fallait trouver des "gagnants" préfigurant ou incarnant le Québec moderne pour remplacer les "loosers" d'avant, poursuit Gilles Laporte. Nous avons donc mis en avant les Patriotes, puis des gens comme Adélard Godbout, Premier ministre libéral des années 1940 qui a fondé Hydro-Québec, donné le droit de vote aux femmes et créé l'école obligatoire jusqu'à 16 ans. Ensuite, René Lévesque (fondateur du Parti québécois et plusieurs fois ministre) et Pierre Elliott Trudeau (Premier ministre du Canada, 1968-1979 et 1980-1984, d'origine québécoise), frères ennemis mais, chacun dans son genre, héraut de la modernité politique. Maurice Richard, aussi, grand champion de hockey et l'une des figures les plus populaires de la seconde moitié du xxe siècle. » Si l'on ajoute à cette liste l'unique superstar

133

internationale québécoise, Céline Dion, on a là le triumvirat québécois par excellence : la politique, le hockey et la chanson. Des voix s'élèvent cependant contre ce que certains considèrent comme une sorte de révisionnisme historique. À 35 ans, Mathieu Bock-Côté, sociologue, essayiste et chroniqueur influent, est l'un de ces intellectuels nationalistes conservateurs qui plaident pour une autre vision. « Je crois qu'il faut développer une mémoire de la réconciliation et ne pas faire comme si l'histoire du Québec commençait en 1960, explique-t-il. La Révolution tranquille demeure fondamentalement une référence positive, un moment d'émancipation nationale et sociale. Je ne ressens pas pour autant le besoin de diaboliser la "grande noirceur" ni toute l'épopée des Canadiens français, avec ses grandeurs et ses misères, et son honorable résistance face aux Anglais. C'est une histoire qu'il faut embrasser dans son ensemble. Car, ce qui est en jeu, c'est le droit d'une nation historique, devenue société d'accueil d'une immigration toujours plus nombreuse, d'imprimer dans l'espace public ses propres marqueurs identitaires et ses propres symboles. »

« Nation historique » ? Des termes, là encore, qui n'ont pas le même sens pour tout le monde. Ainsi, dans la vision du nouveau récit national donnée par Gérard Bouchard, les Amérindiens étaient non seulement les premiers occupants du territoire, mais ils devenaient les « premiers Québécois ». Cette idée, certainement pétrie de bonnes intentions, est aussitôt qualifiée d'anachronisme gênant par Jocelyn Létourneau, autre grand historien et fédéraliste, auteur en 2000 de *Passer à l'avenir. Histoire, mémoire, identité dans le Québec d'aujourd'hui*. En effet, il est difficile d'intégrer dans un récit national une population qui n'a jamais vraiment été invitée à participer à la construction de cette nation…

Malgré les dissonances et les interrogations autour du récit historique, le sentiment d'une identité culturelle forte persiste au Québec. Et c'est l'une des grandes différences avec le Canada anglais, qui souffre, de son côté, de l'absence de mythe fondateur unificateur, comme son grand voisin, les États-Unis. Au point que le très célèbre penseur du « village global », Marshall McLuhan, déclarait que « le Canada est le seul pays du monde qui peut vivre sans identité ». ■

LA NATION DANS TOUS SES ÉTATS !

En 1978, René Lévesque, héros de la Révolution tranquille, impose l'inscription de la devise nationale « Je me souviens » sur les plaques numérologiques des voitures pour remplacer le slogan publicitaire « La Belle Province ». Mais la devise divise : « Je me souviens », oui, mais de quoi ? Faut-il se souvenir d'un passé de vaillants résistants mais jamais conquérants, ou d'une histoire de colonisés, soumis aux Anglais et aux curés ? « La devise nationale est à l'image de l'identité québécoise, écrit Denise Bombardier dans son *Dictionnaire amoureux du Québec*, elle renvoie à une mémoire aussi sélective qu'interprétative. »

Et l'hymne national ? Bien que non souverain, le Québec en a pourtant un. Ou en avait un… « On se l'est fait voler ! dit l'historien Gilles Laporte. *Ô Canada* a été l'hymne des Canadiens français pour les fêtes de la Saint-Jean-Baptiste jusqu'à ce qu'Ottawa décide de l'adopter (ajoutant une version anglaise et une autre bilingue) en 1980. » Les Canadiens anglophones empruntaient jusqu'alors l'hymne britannique *God Save the Queen*, mais *Ô Canada*, une fois remanié à la sauce anglaise (remplaçant les références aux racines, au roi et au Christ par l'éloge des grands espaces et de l'avenir), fera finalement leur affaire. Si bien que lorsque des anglos et des francos chantent ensemble l'hymne « national », à un match de hockey par exemple, ils ne disent pas les mêmes paroles !

Les uns et les autres n'affichent pas non plus les mêmes couleurs. Le drapeau officiel québécois, bleu et blanc, bien que anachronique avec sa croix et ses fleurs de lys, reste fort utile pour se démarquer du très (trop ?) célèbre drapeau canadien rouge et blanc à la feuille d'érable, dit « unifolié ». En 2012, le Parti québécois, revenu au pouvoir après le Printemps érable, tente d'ailleurs de faire retirer l'unique unifolié qui se trouve à l'Assemblée législative. La requête avait été acceptée lors de son précédent mandat, mais cette fois, le gouvernement étant minoritaire, la question doit être soumise au vote des députés. La réponse de ceux-ci est négative, confortée par un sondage de l'époque qui affirme que deux tiers des Québécois sont attachés à ce symbole. « La présence du drapeau canadien n'est pas accessoire, c'est un signe d'appartenance à notre fédération et un symbole de l'identité canadienne », déclare à l'époque le libéral Laurent Lessard, tandis que le péquiste Yves-François Blanchet considère, lui, que le « fleurdelisé » est perçu, à tort, comme un symbole de la souveraineté par les libéraux, alors qu'il est un « symbole national ».

Il est vrai que c'est l'étendard bleu et blanc que tout le peuple agite le 24 juin, lors de la fête « nationale » du Québec, la Saint-Jean-Baptiste. À ne pas confondre avec « l'autre » fête nationale, celle du Canada, le 1er juillet (guère célébrée chez les Franco-Québécois, il faut le reconnaître). La province a également qualifié son Assemblée législative d'« Assemblée nationale », cas unique dans la Fédération canadienne. Dans le même esprit, la ville de Québec s'est arrogée le titre de « capitale nationale », au mépris de « l'autre », Ottawa, la capitale fédérale.

« Mais les Canadiens font pareil, rappelle Gilles Laporte. Stephen Harper, Premier ministre très conservateur du Canada de 2006 à 2015, a ainsi remis au goût du jour le mot "royal" : la Poste royale, la Gendarmerie royale, la Marine royale, etc. » Une tentative de raviver l'empreinte de la monarchie britannique (la reine d'Angleterre est toujours symboliquement le chef de l'État du Canada, pays du Commonwealth) qui n'est pas forcément du goût de tous les Canadiens. Ainsi, le vice-premier ministre du Canada en 2002, John Manley, rappelle, durant la visite de la souveraine, que lorsque « celle-ci voyage, elle ne représente pas le Canada mais la Grande-Bretagne ».

Néanmoins, les mentalités changent. Même si le Québec est en la matière très loin derrière les autres provinces canadiennes, selon un sondage national (Angus Reid/CBC, octobre 2016), 37 % des Québécois affirment être profondément attachés au Canada et 46 %, plus pragmatiques, se disent « attachés dans la mesure où on y retrouve un bon niveau de vie ». Restent 14 % de partisans d'une séparation avec le Canada et 3 % qui souhaiteraient, eux, une annexion aux États-Unis ! ■

137

TOUS « QUEBECERS » !
« On ne peut plus se moquer de nos anglophones, ils sont devenues bilingues ! Ils nous comprennent. » Yvon Deschamps, l'un des plus célèbres et influents humoristes québécois l'avait déjà dit à sa manière : les « anglos » sont aussi des Québécois. Qu'il semble loin le temps de l'exode de plusieurs milliers d'entre eux (environ 600 000 ont quitté le Québec depuis 1960), dont beaucoup étaient effrayés par la possibilité de l'indépendance ! En 1991, l'ancien Premier ministre Pierre Elliott Trudeau laissait encore croire que les souverainistes, soucieux de préserver la majorité francophone, pourraient se dire : « Tiens,

déportons donc quelques milliers de Québécois non francophones… Nous avons le droit d'expulser des gens et, chose certaine, de les faire taire s'ils croient qu'ils peuvent parler anglais en public. »

Mais la roue tourne. Aujourd'hui, il existe même des anglos souverainistes et fiers de l'être ! En octobre 2016, un (très) petit mouvement s'est constitué : les Anglophones pour un Québec indépendant (AQI). « Selon nous, l'indépendance est une option logique et légitime qui profitera à tous les citoyens québécois », déclare sa porte-parole, Jennifer Drouin. Jean-François Lisée, élu à la tête du PQ quelques jours plus tard, tweete aussitôt : « Bravo et bienvenue ! » Certes, la majorité des anglos, qui représentent environ 13 % de la population totale du Québec, ne soutient pas l'idée de l'indépendance. Mais on peut être fédéraliste, anglophone et se sentir néanmoins pleinement québécois.

C'est à ce titre que Mitch Garber, homme d'affaires qui prospère dans les casinos à Las Vegas, justifie en 2016 sa participation à l'émission *L'Œil du dragon*, sorte de concours de jeunes entrepreneurs diffusé à la télé de Radio-Canada. Un anglo dans une émission franco ? La chose est assez rare pour qu'il soit invité à s'en expliquer dans la célèbre émission du dimanche soir, *Tout le monde en parle*. « J'ai voulu traverser le pont des deux solitudes, dit-il en français et avec un accent hybride, je suis un vrai Québécois, né à Montréal. » Et de clamer son amour sincère pour sa ville et sa province.

Celui qui préside aussi le conseil d'administration du Cirque du Soleil n'est pas pour autant souverainiste, loin de là. Et il déteste l'expression « pure laine », censée définir les Québécois de souche (blancs et d'origine catholico-française). Le fringuant quinquagénaire récidive dans une entrevue à *L'Actualité* : « Le chauffeur de taxi haïtien qui porte une casquette de Canadien, dont les enfants sont nés ici, qui est fier d'être ici, est aussi québécois que les gens nés au Lac-Saint-Jean ou que les Garber, qui sont ici depuis cent huit ans. Nous sommes tous québécois, et nous devrions tous être vus comme tels. »

Dans ce même magazine, en 2012, Josh Freed, journaliste et écrivain, publiait une lettre ouverte dont voici quelques extraits : « Bonjour, mon nom est Josh et, je l'avoue, je suis anglophone. En fait, je suis assez typique pour un Anglo-Montréalais ; je suis juif. [...] J'ai grandi sur une rue de Montréal qui s'appelait Deleppy. À 15 ans, j'ai appris qu'elle se nommait plutôt de L'Épée. Je l'ai découvert lorsque j'ai pris un taxi pour la première fois et que le chauffeur [un francophone] est passé deux fois sous le panneau indiquant le nom de ma rue sans la trouver. [...] Je pense que, à l'image de mon voyage de la rue Deleppy à la rue de L'Épée, notre communauté a parcouru un long chemin au cours des années. Mais c'est un voyage qui vient de commencer, et il faut que nous fassions tous preuve de patience, de générosité et d'empathie pour l'aider. Avec ça, je crois qu'on pourra construire une communauté anglophone forte dans un Québec francophone fort, un endroit où les deux solitudes ne feront qu'un. »

En 2016, *Le Code Québec* enfonce les points sur les *i* : non, les anglos ne sont pas si différents des francos, et inversement. Ils n'ont pas le même humour, pas les mêmes médias ni les mêmes vedettes, mais tous sont fans de hockey et boivent de la Molson (du nom d'une éminente famille anglo-québécoise qui a créé la plus ancienne brasserie en Amérique du Nord). « Dans nos enquêtes, les Anglo-Québécois apparaissent comme de véritables êtres hybrides, se situant, sur toutes les questions, presque toujours entre les francophones québécois

139

et les anglophones des autres provinces, lit-on dans *Le Code Québec*. Par exemple, si 76 % des Franco-Québécois préfèrent le plaisir au devoir, contre 53 % d'Anglo-Canadiens, les Anglo-Québécois se situent au milieu, 60 % d'entre eux optant pour le plaisir. [...] En somme, ils vont chercher le meilleur des deux mondes. »

Ces Québécois d'aujourd'hui pourraient reprendre à leur compte les paroles que chantait Yvon Deschamps en 1972 :

J'tu français, yankee ou anglais ?
J'aimerais ça si quelqu'un l'savait !
J'sais plus comment m'appelle, j'sais plus comment me nomme !

Faut qu'j'accepte d'être tout à la fois !
C'est ça que j'suis quand je suis moi !
J'sais plus comment m'appelle, j'sais plus comment me nomme !

Je suis l'mélange de toute cette gang-là !
J'suis fier pareil d'être québécois !
J'suis bien content pareil d'être québécois !
J'suis bien content pareil car je suis moi ∎

LE PAYS QU'IL FAUT FAIRE

En 1967, René Lévesque publie un manifeste intitulé *Un pays qu'il faut faire*. Il y définit sa conception de la souveraineté : « Un régime dans lequel deux nations, l'une dont la patrie serait le Québec, l'autre qui pourrait réarranger à son gré le reste du pays, s'associeraient dans une adaptation originale de la formule courante des marchés communs, formant un ensemble qui pourrait, par exemple, et fort précisément, s'appeler l'Union canadienne. » En 1980, c'est donc à une « souveraineté-association » que les Québécois sont priés de répondre oui ou non. Ce fut non, à 59,56 %. En 1995, ils votent oui à 49,4 % pour une « souveraineté-partenariat ». « Un résultat qui a satisfait une majorité de Québécois. Un résultat assez fort pour faire peur au Canada, en lui montrant que le Québec existe. Mais aussi assez faible pour ne pas sortir du Canada.

L'ancien éditorialiste André Pratte a bien résumé le tout en écrivant que les Québécois sont des "Canadiens non pratiquants". Un peuple du milieu, à la recherche permanente du consensus. "S'il y avait un parti du peut-être au Québec, il gagnerait assurément toutes les élections." Ce paragraphe du *Code Québec* a suscité bien des commentaires. Les Québécois n'aiment guère être confrontés à leurs ambivalences. Gilles Laporte, invité en octobre 2016 à une conférence d'historiens en France, se souvient avec humour de la première question qui lui a été posée par un Français au ton très ironique : "Alors, la souveraineté, vous la ferez un jour ou pas ?" *A priori*, pas avant 2022, comme l'a annoncé clairement Jean-François Lisée, le nouveau chef du Parti québécois élu en octobre 2016 : "On aime trop le Québec pour le laisser à un gouvernement toxique [dirigé par le Parti libéral]. Admettre qu'on ne fait pas de référendum dans un premier mandat, ce n'est pas facile. Mais j'ai l'absolue conviction que pour faire la souveraineté, il faut prendre le chemin que je propose."

Or en 2018, année des prochaines élections provinciales, il va se passer quelque chose qui risque de modifier la donne : « Par un curieux hasard démographique, explique **Michel Venne**, de l'Institut du Nouveau Monde, un organisme indépendant qui édite chaque année un ouvrage collectif, *L'État du Québec*, les trois groupes générationnels auront un poids électoral égal. » Depuis la Révolution tranquille, qu'elle a faite, la génération des baby-boomers est omniprésente et quasiment omnipotente dans tous les domaines au Québec. La suivante, celle des 35-55 ans, représente une génération invisible – elle porte bien son nom : « X » –, qui s'est souvent contentée de suivre la politique de ses prédécesseurs. Il faut maintenant compter avec les jeunes, la génération Y et celle dite « du millénaire ».

« Depuis 2000, souligne Michel Venne, ils ont acquis le droit de vote alors que justement la question de la souveraineté n'était plus au centre de la politique québécoise. À la place, ils ont eu le 11 septembre 2001 et la crise économique de 2007-2008. Selon les derniers sondages, à peine 35 % des 18-34 ans veulent la souveraineté [ils étaient 63 % en 1995]. Cela dit, c'est toujours plus qu'en Écosse ou en Catalogne… Ceux qui ont participé au Printemps érable y ont appris le militantisme, mais ils ne croient plus aux partis politiques traditionnels et préfèrent l'action citoyenne. »

D'après ce fin observateur du Québec, « la souveraineté demeure une idée structurante de notre système partisan, mais ce n'est plus *la* question centrale. Il s'agirait maintenant de faire un peu moins de stratégie et un peu plus de politique, poursuit-il. Depuis quelques années, de nombreux péquistes se sont repliés sur des enjeux d'identité, de religion ou de langue, mais ils ne proposent pas de faire un pays ». Le Parti québécois de René Lévesque est devenu un parti nationaliste un peu hybride, traversé par des courants politiques divers et multiples, progressistes comme conservateurs, dans lesquels les militants de l'indépendance côtoient les partisans du non-référendum. Les critiques pleuvent sur le vieux parti qui perd ses référendums et quasiment toutes les élections depuis une dizaine d'années, au profit unique du Parti libéral.

Le paysage politique québécois traditionnel, à l'instar de ce qui se passe dans bien d'autres démocraties occidentales, est en pleine transition. D'autres partis nationalistes de gauche ont vu le jour, comme Option nationale ou Québec solidaire, mais ils ne percent guère en termes de vote. Issus du Printemps érable, de nouveaux acteurs politiques commencent également à émerger, comme le très jeune et charismatique Gabriel Nadeau-Dubois qui a lancé, à l'automne 2016, avec d'autres représentants engagés du monde civil, un mouvement citoyen, « Faut qu'on se parle ». Du côté des fédéralistes, Pierre Ducasse, le chef du tout Nouveau Parti démocratique du Québec (NPDQ), propose une « nouvelle stratégie » sur la question nationale, par laquelle le gouvernement s'activerait à « bâtir un fédéralisme asymétrique qui va reconnaître le Québec comme nation ».

143

Mais ce fédéralisme dit « multiculturel » s'oppose à un autre courant qui nie, lui, l'idée même de nation(s). Digne héritier de son père en la matière, Justin Trudeau, élu en novembre 2015, s'affirme comme le Premier ministre du « premier État postnational », c'est-à-dire un pays où « il n'y a pas d'identité fondamentale, pas de courant dominant. Il y a des valeurs partagées : ouverture, compassion, la volonté de travailler fort, d'être là l'un pour l'autre, de chercher l'égalité et la justice ». Alors qu'il est interrogé sur la question de la souveraineté du Québec, Justin Trudeau répond d'ailleurs, agacé : « Je ne peux pas croire qu'on est encore en train de parler de ça, quand on a besoin d'investissements en infrastructures, en eaux usées, en transport collectif ! »

Entre le Canada et le Québec, c'est un peu l'éternel « Je t'aime, moi non plus ». Continuant à mettre les pieds dans le plat, *Le Code Québec* révèle que, sur les 500 attitudes et comportements analysés dans les sondages, 71 % sont identiques entre Québécois et Canadiens, contrairement à ce que croient généralement les Québécois eux-mêmes. Un politicien, l'ex-chef d'Option nationale, Jean-Martin Aussant, s'est aussitôt demandé : « Peut-être qu'il y a des gens qui vont utiliser ça pour dire que l'indépendance est plus ou moins nécessaire selon leur point de vue ». Mais Jean-Marc Léger, l'un des auteurs de l'ouvrage si commenté, reconnaît dans *La Presse* que les 29 % des comportements qui restent sont *vraiment* différents.

Si la souveraineté n'est plus le seul horizon possible, cent cinquante ans après la création de la Fédération canadienne, les Québécois continuent d'être des Canadiens pas comme les autres, quelles que soient leurs appartenances politiques, culturelles et linguistiques. Ils demeurent libres de s'inventer, encore et toujours, traçant leur voie originale sur cette vaste terre d'Amérique. Et continuent d'espérer, comme le disait si bien l'un de leurs plus grands poètes, Gaston Miron, « un avenir dégagé, un avenir engagé ». ∎

Achevé d'imprimer par Corlet Imprimeur S.A.
14110 Condé-sur-Noireau
N° d'imprimeur : 187261
Imprimé en France